관계의 공식

KB208457

전 세계 700만 독자를 변화시킨
인간관계 바이블

관계의 공식

앤드류 매튜스 지음 | 박민정 옮김

Making Friends

"예절이 친구를 만든다"

서교책방

행복의 90%는
인간관계에 달려있다

　쓴맛과 단맛을 모두 맛볼 수 있는 삶의 요소를 생각할 때 인간관계를 빼놓기란 어렵다. 그래서 사람에게서 받는 고통은 줄이면서 즐거움은 늘리는 사고방식과 행동 전략을 알려주기 위해 이 책이 나왔다.

　사람들을 대할 때는 매 순간 다른 방식이 필요한데도, 대부분 사람은 늘 자신에게 익숙한 태도와 행동 방식을 취한다. 그런데 세상에는 모든 사람과 편안하게 대화를 나누는 사람들이 존재한다. 대화하는 모습을 보면 오랜 친구 사이로 보인다. 하지만 서로 알게 된 지 얼마나 됐는지 물어보면, "오늘 처음 만났어요"라고 대답하는 사람들이다.

그들은 특별히 운이 좋은 사람들인 걸까? 그렇지는 않다. 이들은 알맞은 대인관계 기술과 지식을 알고 있을 뿐이다. 그리고 다행스럽게도 이런 능력은 개발이 가능하다.

인생에는 혼자서는 재미없는 일들이 있다. 이를테면, 나 혼자 벌이는 잔치가 과연 흥겨울까? 영화 관람, 저녁 식사, 카드놀이, 여행, 이사, 이런저런 계획 세우기 그리고 파티 같은 일들은 동료나 친구, 특히 좋아하는 사람과 함께인 편이 행복하다.

즐거운 삶이란 우정으로 가득 찬 삶이다. 좋은 직장이나 많은 재산, 근사한 자동차가 없어도 우리는 행복하게 살 수 있다. 하지만 가까운 친구가 없다면 행복하기는 요원할지 모른다. 행복한 삶을 위한 방정식에는 하나의 핵심 변수가 있다. 바로, 주변 사람들이다.

이 책은 우리가 아닌 타인, 즉 다른 사람들에 대한 책이다. 우리의 삶 속에는 언제나 '다른 사람들'이 존재한다. 우리와 함께 웃고, 함께 아파하고, 함께 소리치고, 함께 울고, 함께 일하고, 함께 놀고, 함께 계획하고, 함께 토론하며, 또 서로 사랑하고, 서로 믿고, 서로 지긋지긋해하고, 서로 비난하고, 때로는 서로 피하는 사람들이.

이것이 바로 이 책을 읽어야 하는 이유이다. 인간관계를 잘 만들어가는 것은 만만치 않은 일이다. 타인의 신뢰를 얻기 위해서는 건강한 자존감과 훌륭한 식사 예절 이상의 것이 필요하다. 도움을 베풀거나 받는 일 그리고 자신에 대한 의무와 타인에 대한 의무 사이에서 균형을 잡을 수 있어야 한다. 또, 관대함과 감수성, 유머 감각, 약간의 지혜도 필요하다.

우리가 속한 세상은 여러 차원으로 이루어져 있다. 친구와 가족으로 구성된 내부 차원과 직장 상사와 은행 관리자로 구성된 외부 차원. 그리고 가끔 대문을 두드리는 영업사원으로 구성된 저 먼 외계 차원…….

당연한 말이지만, 우리는 각각의 사람을 다르게 대해야 한다(아내를 대하듯 상사를 대할 수는 없다). 우리의 목표는 모든 사람과의 평화로운 공존이다.

따라서 우리는 기업이 수익을 분석하고, 그 결과에 따라 전략을 변경하듯이 우리 자신을 항상 점검하고 전략을 변경해야 한다. 현재 상태를 살펴보고 스스로에게 물어보자. 지금 나는 어떻게 행동하고 있는가? 그런 행동이 내 삶을 풍요롭게 하는가?

프레드는 유행하는 물건이라면 모두 갖추고 있다. 아르마니 셔츠, 피에르가르뎅 양복, 구찌 신발, 한 다발의 신용카드, 금시계 그리고 차고에는 그에게 어울리는 포르쉐까지. 그는 자신이 인생의 '정답'을 알고 있다고 주장하면서도, 내심 의문일 것이다. "인생에서 지금까지 내가 한 선택이 전부 올바르다면, 어째서 내게는 진정한 친구가 없을까? 왜 낡고 오래된 도요타를 타는 배리가 여자들에게 더 인기 있는 걸까?" 하고.

프레드처럼 우리도 다음과 같은 몇 가지 질문을 자신에게 던져보면 좋을 것이다. 나는 믿음직한 사람인가? 남보다 우월하다고 느끼는가, 아니면 열등하다고 느끼는가? 겁이 많은가? 자의식이 강한가? 남의 말을 잘 들어주는가? 책임감이 있는가? 함께 있을 때 재미있는 사람인가 아니면 끔찍하게 지루한 사람인가?

마지막으로, 우정에 관한 가장 강력한 첫 번째 규칙을 알려주며 이 서문을 마치겠다. 우정을 원한다면, 먼저 좋은 친구가 되어주자.

앤드류 매튜스

목차

5장 사소한 태도가 관계를 결정한다

6장 건강한 관계를 위해 경계를 설정하는 법

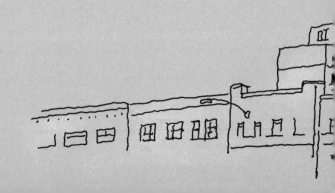

1장

아무도 당신만
바라보지 않는다

누군가의 '반쪽'이 되는 것은 바람직하지 않다.
당신은 그 자체로 온전한 존재이다.

당신만 긴장하는 게
아니다

。

대부분 사람은 당신만큼이나, 아니 어쩌면 더 심한 겁쟁이들이다. 혹시 사람들을 대할 때 긴장했던 경험이 있는가? 위로가 될지 모르겠지만, 겉으로는 침착하고 자신감이 넘치는 태도를 보이지만 속으로는 벌벌 떨며 긴장으로 몸이 굳어 있는 사람이 많다.

파티에서 홀로 무심하게 마티니를 홀짝거리는 여성을 보며 우리는 '저 사람은 참 차분하고 자신감 있어 보이네' 하고 생각한다. 하지만 그 여성의 속마음을 듣는다면 깜짝 놀랄 것이다. 그녀는 '사람들은 내가 혼자 있는 걸 이

상하게 생각할까? 내가 정말 괜찮은 사람이면, 옆에 남자 하나쯤은 있어야 하는 거 아니야? 나도 동생만큼 똑똑했으면 좋았을 텐데. 화장실에 가고 싶은데, 사람들이 쳐다보면 어쩌지? 저 남자가 나한테 와서 말을 걸면, 떨려서 얼어버릴 거야!' 같은 생각을 하고 있을지 모른다.

또 거물 사업가를 보고 사람들은 이렇게들 말한다. "성공한 인생이야!" 하지만 실상 그는 자신의 불룩한 배와 불그스름한 코에 대해 고민하고 있다. 게다가 자식들이 자신과 대화하지 않는 이유를 몰라 괴로워할 뿐만 아니라, 점차 뜸해지는 친구들의 연락과 나날이 줄어드는 머리숱에 주눅 들고 재산이 축나고 있지는 않은지 걱정한다.

그러니 삶이란 거대한 농담이 아닐까? 우리는 남들을 보며, 저 사람들은 모든 것을 다 갖췄다고 생각하는데, 웃기게도 그 사람들은 우리를 보며 같은 생각을 하니 말이다. 우리가 남들 시선에 주눅이 드는 것처럼 남들도 우리 앞에서 움츠러든다.

오랫동안 나는 세미나를 진행하며 첫 시간에는 항상 참가자들에게 자기소개를 시켰다. 의사나 교사, 나이 든 여성, 패션모델, 영업사원, 청소년, 기업 임원이건 간에, 참가자들은 사람들 앞에서 30초 동안 말을 해야 한다는 생각에 진땀을 흘리며 겁에 질렸다. 그들이 불안했던 이유는 '이 사람들이 내가 별로라고 생각하면 어떡하지!'라는 걱정 때문이었다.

우리는 누구나 '나는 별로야'라는 생각을 품고 있다는 사실을 명심해야 한다. 완벽한 사람은 어디에도 없다.

다른 사람이 자신을 어떻게 생각할지 걱정하는 일은 불안감을 불러올 뿐만 아니라 오해를 낳기도 한다. 평소 말을 걸지 않는 이웃에게 먼저 인사를 건네지 않았던 경험은 아마 누구나 있을 것이다. 그러고는 그 이웃을 쌀쌀맞은 속물이라고 욕하며, 행여 길에서 마주치기라도 하면 서로 저 하늘의 구름을, 길 위의 갈라진 틈을 쳐다보는 척하며 딴청을 피웠다. 그러다 한두 해 정도 지나 우연히 서로를 소개받고 나서는 친구가 된 경험이 있을 것이다. 그 동안은 단지 "안녕하세요"라는 말을 하기 겁나서 다른 사람에게 잘못이 있다고 넘겨짚었을 뿐이다. 그 사람도 "안녕하세요"라는 한마디를 할 용기가 없어서 그랬던 것뿐이다.

겉으로 보이는 만큼 자신만만한 사람은 거의 없다. 욕실에서 양치질하다 거울 속 자신을 보고 착하게 보인다고 생각했을지도 모르겠다. 하지만 착각하지 말기를. 남들에게 우리는 무서운 존재이다. 우리를 보고 많은 사람이 긴장한다. 그러니 남들의 시선이나 평가를 걱정하며 혹여 밤에 잠을 이루지 못한다면, 이제 그런 걱정은 그만해도 좋다. 그리고 독선적이라거나 꽉 막힌 사람이라고 비판하고 싶은 사람들이 있을지라도, 확실한 증거가 없다면 무죄추정의 원칙에 따라 너그럽게 평가해주길 바란다. 그 사람들도 단지 너무 긴장하고 있었을 가능성이 높기 때문이다.

한마디로

헨리 데이비드 소로는 "대부분 사람은 조용한 절망 속에서 살아간다"라고 말했다. 사람은 모두 각자의 불안을 지니고 산다. 우리와 마찬가지로, 조용히 절망하고 있을지도 모르는 사람들을 무서워하는 짓은 그만두자!

"내 인상이
어떤 것 같아?"

○

보통 짜증 나는 버릇의 소유자는 자신의 결점을 전혀 모른다는 사실을 혹시 눈치챈 적 있는가? 입이 험한 사람은 바로 그런 점 때문에 사람들이 자신을 멀리한다는 사실을 전혀 모른다. 마늘 소시지를 먹은 사람이 자기에게서 마늘 냄새가 난다는 사실을 알지 못하는 것처럼.

이 이야기가 우리에게 주는 교훈은 무엇일까? 바로 우리는 다른 사람들을 짜증 나게 하는 우리의 습관이 무엇인지 모른다는 사실이다.

내게는 말이 참 많은 친구가 있다. 그 친구와 대화할

때면 마치 따발총 앞에 서 있는 듯하다. 그녀는 매우 지적이고 교육 수준도 높지만, 자신이 다른 사람들에게 어떻게 보이는지는 알아차리지 못했다. 그래서 일방적으로 자기 말만 늘어놓는 사람이라는 악명을 얻었다. 몇 번이나 그 문제를 지적하는 말을 들었지만, 어찌 된 일인지 그녀는 충고를 받아들이지 않았다. 사회성에 결함이 있는 것이 분명한데도, 그녀는 자신의 결점을 보지 못했다.

우리는 남들에게 자신이 어떻게 보이는지를 알아낸 다음, 만약 문제가 있다면 고쳐야 한다. 계속 "난 원래 그런 사람이야"라는 변명만 하다가는 훗날 인생에서 큰 대가를 치러야 할지 모른다. 말이 너무 많다거나, 자주 약속에 늦는다거나, 남들에게 훈계를 많이 한다거나, 예의가 없다는 말을 여러 번 들은 적이 있다면, 그 말을 흘려들어서는 안 된다. 그런 말들은 일반적으로 우리에게 문제가 있다는 신호이다.

자기 인식을 정확히 하고 싶다면, 정말 믿을 수 있는 친구와 대화해보기를 권한다. 나쁜 의도를 가지고 비난하지 않을 것이 확실한 사람을 찾아서 물어보자. "내 인상이 어떤 것 같아?"라고. 더 나은 사람이 되고 싶다는 결심을 확실히 밝히며 정말 솔직한 대답을 원한다고 알려주자.

다음과 같은 질문으로 대화를 시작하면 좋다.

"내가 말이 너무 많니?"

"내가 불평을 너무 많이 하니?"

"내가 술을 너무 많이 마시니?"

"나한테서 입냄새가 나니?"

"내 말투가 공격적이야?"

"내가 너무 같은 말만 반복한다고 생각해?"

"나의 식사 예절에 대해 어떻게 생각해?"

"내가 입을 벌린 채 음식을 씹니?"

"내가 지루하게 군 적 있어?"

"내가 평소 입는 옷 중에 버렸으면 하는 옷이 있을까?"

매우 개인적인 질문이지만, 꼭 알아낼 필요가 있다. 그렇다고 그 모든 말을 절대적 진리인 양 받아들이지는 말자. 적당히 생각해본 다음, 자신에게 물어봐야 한다. "이런 말을 다른 사람한테서도 들은 적이 있었나?" "나랑 같이 산다면(일한다면), 어떤 기분일까?"

어쩌면 누군가는 그냥 주변 사람들의 기분을 상하게 하기로, 즉 자신을 바꾸지 않기로 결정할지도 모르겠다.

그것도 괜찮다. 자신이 무슨 행동을 하고 있는지 잘 알고 있고, 그 행동이 불러올 결과가 어떻든 받아들일 준비가 되어있다면 말이다.

어떤 사람들의 태도는 이렇다. "그래, 나한테 한 가지 문제가 있긴 해. 하지만 사람에게는 누구나 이 정도 문제는 있어. 나 정도면 완벽한 편이지. 그런데 왜 사람들은 나를 이해하지 못할까……."

사람들이 우리의 단점을 관대하게 넘겨주면 참 좋겠지만, 아쉽게도 그런 일은 잘 일어나지 않는다. 스스로에게 관대한 사람도 남들에게는 엄격한 법이다. 그래서 세상에는 유능한데도 단지 옷차림이 변변찮다는 이유로 승진에서 미끄러지는 임원이 참 많다. 또, 많은 결혼생활이 배우자의 지나친 수다나 상대방의 말을 경청하지 않는 습관 때문에 파탄에 이른다.

한마디로

남들에게 사랑받는 사람은 뛰어난 자기 인식 능력을 지니고 있다. 사람들에게 좋은 인상을 주고 싶다면 자신의 단점이나 나쁜 습관을 알아차릴 수 있어야 한다.

타인과의 비교가
관계를 망친다

○

"자기애를 배우는 것이야말로 무엇보다 가장 위대한 사랑의 행동이다."

다른 사람을 사랑하기 전에 자기 자신을 먼저 사랑해야 한다. 자신의 운명을 개선하고 싶다면, 꼭 따라야 할 철칙이다. 자아 성장을 다루는 책이나 세미나에서 많이 들어본 내용일 것이다.

스스로가 마음에 들지 않는 상황에서는 자신보다 잘나 보이는 사람들을 미워하기 쉽다. 프랭크와 제인 부부를 보자. 남편 프랭크는 한 기업의 잘나가는 임원이고, 아내

제인은 집에서 자녀를 돌보는 전업주부다. 제인은 지루한 생활에 얽매여 점점 더 초라해지는 자신과 달리, 프랭크는 근사한 경력을 이어나가는 멋진 삶을 만끽하고 있다고 느낀다. 그 결과, 제인은 프랭크를 원망하기에 이른다. 그래서 언제나 사랑하고 소중히 여기겠다고 맹세한 남자를 향해 밤낮으로 비난을 퍼부어댄다.

왜 이렇게 되었을까? 제인이 현재 자기 모습을 좋아하지 않기 때문이다. 그녀는 프랭크뿐만 아니라 모든 주변 사람들에게서 비난할 점만 본다. 남들은 잘나가는데 자기만 뒤처졌다는 생각에 제인은 지나치게 비판적인 사람이 된 것이다. 그녀가 그렇게 된 원인은 프랭크가 아니라 악화된 자아 개념 때문이다. 둘의 관계가 나아지려면 제인이 자기 자신을 지금보다 더 좋아해야만 한다.

우리가 다른 사람에게서 결점만 찾는다면, 남들도 똑같이 우리에게서 결점만 찾아낼 것이다. 즉, 부정적인 삶의 태도는 안타깝게도 남들로부터 항상 부정적인 대우를 끌어낸다.

프레드는 자신을 실패자로 여긴다. 그래서 여자 친구

메리도 그렇게 생각할까 봐 걱정하며, 주변 이웃들처럼 성공하지 못한 점에 신경을 곤두세운다. 게다가 자기는 뚱뚱하며 코가 너무 크다고 생각한다. 또한 남들의 시선을 지나치게 의식하며 자신을 하찮은 존재로 여긴다. 그렇다 보니 메리가 더 잘난 연인을 바라지는 않을지 안절부절못하여 매일 그녀를 들볶는다. 프레드는 자신의 단점이 끊임없이 떠올라 메리를 다정하게 대하기가 어렵다. 결국 메리는 사랑받는다는 느낌을 받지 못한다. 전부 프레드가 자기 자신을 좋아하지 않아서 일어난 일이다. 이처럼 나쁜 자아상을 지닌 사람은 자신뿐만 아니라 사랑하는 사람들까지 괴로움의 늪으로 밀어 넣는다.

타인과의 비교는 자신을 함정에 빠뜨리는 짓이다. 세상에는 우리보다 더 재능 있고, 더 부유하며, 더 똑똑하고, 더 재치 있으며, 더 인기 있는 사람이 항상 존재한다. 우리 부모님과 선생님 그리고 연인은 종종 이렇게 묻는다. "왜 형처럼 하지 않니?" 그럼 우리는 이렇게 대답하고 싶어진다. "왜냐하면 나는 형이 아니니까. 내가 형이었다면, 나도 그랬겠지!"

성인이라면 '나는 하나뿐인 존재이니만큼, 어머니나

이웃, 혹은 다른 누구의 복사본이 될 필요가 없다'는 생각 아래 "나는 완벽하지는 않지만, 주어진 상황 내에서 최선을 다하고 있다. 나는 더 나은 사람이 되기 위해 노력하고 있는 동시에, 지금의 나 자신을 있는 그대로 받아들이고 있다"라고 당당하게 말할 수 있어야 한다.

제인이나 프레드처럼 자신을 친구나 배우자, 혹은 길 건너의 존스 가족과 비교하는 짓은 당장 그만두어야 한다. 대신, 각자에게 알맞은 삶의 목표와 방향을 설정해야 한다. 현재의 자신을 주변 사람이 아니라 과거의 자신과 비교해 지금까지 얼마나 성장해왔는지를 따져보아야 한다. 남과의 비교가 아니라 자신의 발전 과정 안에서 만족과 뿌듯함을 찾아야 한다.

제인이 선택할 수 있는 자기애 발달 방법에는 여러 가지가 있다. 게다가 이를 실천하는 과정에서 그녀는 더 나은 배우자가 될 수 있다. 프랭크를 비난하는 대신, 그녀는 스스로 의미 있고 달성 가능한 목표를 세워야 한다. 그 목표는 가정을 위한 것도 좋고, 앞으로의 취업을 위한 것도 좋다. 혹은 그만둔 공부를 계속하거나 체중을 감량하거나 의미 있는 여가 시간을 보낸다는 목표도 괜찮다. 그러다 보면 그녀는 다른 사람을 끌어당기는 행동으로는 구덩이에서 빠져나올 수 없다는 사실을 깨닫게 될 것이다. 구덩이에서 탈출하려면 스스로 기어오르는 수밖에 없다.

프레드 또한 행복한 삶을 원한다면 꾸준한 노력이 필요하다. 남과의 비교에서 벗어나 자신을 개선하는 길로 나아가야 한다. 일상에서 작은 성공을 쌓아 올리고, 여자친구 메리를 힘껏 지지해주며, 자신의 단점 ― 예를 들면, 잘 발달한 코 ― 을 받아들이고 다른 장점들에 집중해야 한다.

타인과의 비교에서 벗어나면, 우리는 주변 사람들에게 맘껏 감사를 표할 수 (그리고 그들을 칭찬할 수도) 있게 된다. 또 마음속으로 사람들의 점수를 매기는 짓도 그만두게 된다. 이제 '남의 잘난 점은 나의 못난 점'이라는 파괴적인 생각은 저 멀리 던져버리자.

자기애는 잘난 척하며 자신을 세상에 뽐내는 행동이 아니라 있는 그대로의 자신을 받아들이는 행위이다. 자신의 단점이 아니라 장점에 관심을 기울이는 태도이다. 풍성한 인간관계를 원한다면, 내가 나에게 가장 좋은 친구가 되어야 한다.

어쩌면 프레드는 "자신을 좋아할 수 있을지 확신이 서지 않아요"라고 답할지도 모른다. 그래서 프레드에게 나 자신을 먼저 좋아해야 하는 아주 간단한 이유를 또 하나 말해주고 싶다. 나도 좋아하지 않는 나를 남들이 좋아하리라고 믿기는 힘들기 때문이다. 게다가 자신을 향한 부정적인 생각은 많은 문제로 이어진다.

사람들이 다정하게 대하면, 프레드는 그들에게 다른 꿍꿍이가 있거나 자기와 같이 있고 싶어 한다니 뭔가 큰 문제가 있는 사람들이라고 생각할 가능성이 높다. 프레드가 계속해서 자신을 비난하면 모든 친구가 그에게 문제가 있다고 판단하고 결국에는 그를 아예 피하게 된다. 또 프레드는 만약 사람들이 자신의 진정한 모습을 알게 된다면 자기를 좋아하지 않으리라는 삐뚤어진 생각을 갖게 된다. 그래서 사람들이 자신을 거부하기 전에 무의식적으로 먼저 그들과의 관계를 파괴하려 든다.

정신분석가 버나드 버코위츠Bernard Berkowitz와 밀드레드 뉴먼Mildred Newman은 이렇게 말한다. "자신을 사랑하지 않는 사람은 타인을 숭배하게 된다. 숭배란 타인을 중시하고 자신은 무시하는 행동이다. 이들은 타인을 욕망할 수는 있지만 사랑할 수는 없다. 왜냐하면 욕망은 채워지고자 하는 내면의 불완전함에서 비롯되는 행위지만, 사랑은 우리 안의 살아 있고 성장하는 존재를 긍정하는 행위이기 때문이다. 그러니 자신을 사랑하지 못하는 사람은 타인도 사랑하지 못한다."

매우 열악한 자아상을 가진 사람은 스스로에게 벌을 주고자 하는 마음에서 일부러 자신의 삶을 비참하게 만든다. 하지만 세상만사가 그렇듯 고통도 나름의 보상을 준다. 이제껏 삶이 고통스러웠던 사람은 종종 고통스러운 상황에서 일종의 안정감을 느낀다. 그들에게 고통은 익숙한 것이지만 변화와 그 변화가 가져올 새로운 상황은 두려운 것이다. 그들은 건강과 병이 있다면 병을 고르는 사람들이다. "건강해지면 더 이상의 변명거리가 없어지잖아. 그러니 아픈 게 나아"라고 말할 수 있기 때문이다.

어떤 사람들은 실패가 왠지 자신을 사랑받을 만한 존재로 만들어준다고 생각한다. "내가 끊임없이 고통에 시달린다는 사실을 알면 부모님이나 배우자 혹은 누군가가 불쌍하게 생각하고 나를 사랑해줄지도 몰라." 그러나 안타깝게도 동정심에 기반을 둔 관계는 건강한 관계가 아니다.

혹은 자신의 계속된 고통을 본 신이 결국 참지 못하고 "이제 됐다. 더 이상 네가 고생하는 모습을 못 보겠다"라고 말하고는 모든 문제를 해결해주기를 꿈꾸는 사람들도 있다. 이들은 이런 비현실적인 소망이 이뤄지기를 바라며 비참한 상황에 머무른다.

대체로 자아상이 좋아지면 고통받는 상황은 더 이상 괜찮은 선택지로 보이지 않게 된다. 그럼에도 여전히 스스로에게 고통을 선사하는 사람은 존재한다. 안타깝게도 누구에게나 원하는 삶을 선택할 자유가 있기 때문이다.

"좋아요. 이제 나는 나 자신을 사랑하는 것이, 아니 최소한 좋아하기는 해야 한다는 것이 중요하다는 점은 인정해요. 하지만 스스로 실패자라고 느끼는데, 어떻게 나를 좋아할 수 있을까요? 부모님은 나를 무시하고 선생님은 나를 비웃는 상황인데 말이에요? 게다가 작고 부은 눈과 삐뚤삐뚤한 치아는 또 어쩌고요?"라며 누군가는 항의할지도 모르겠다.

그러나 노력하다 보면 언젠가는 있는 그대로의 자신을

받아들이고 사랑할 수 있게 된다. 시간이 오래 걸릴지도 모르지만 커다란 보상이 뒤따르는 일임은 분명하다. 행복은 우리가 자신에 대해 어떻게 느끼는지에 달려 있다. 게다가 자신을 있는 그대로 받아들이는 사람만이 진정한 우정을 얻을 수 있다.

한마디로

자신에게 물어보자. "나는 나 자신을 응원하고 싶은가, 아니면 깎아내리고 싶은가?" 먼저 자신의 자아상이 어떻게 형성되었는지를 살펴보면 도움이 될 것이다.

자아상을
바꾸는 방법
○

생애 초기의 자아상은 가족의 말에 의해 형성된다. 문제는 그 말의 대부분이 부정적이라는 점이다. "저지레하지 마라. 너는 맨날 물건을 부수고 다니는구나. 하라는 건 절대로 안 하지. 너 때문에 미치겠다. 멍청한 짓 좀 하지 마. 너 그러다 내 손에 죽는다." 긍정적인 말과 부정적인 말을 균형 있게 건네는 부모도 있지만 아이들은 대개 일방적인 잔소리를 들으며 자란다.

물론 부모들이 아이를 사랑하지 않아서는 아니다. 알다시피 삶이란 것이 그리 호락호락하지 않다 보니 어쩔 수 없는 경우가 많다. 새 벽지에다 립스틱으로 낙서하는 세 살짜리 아이에게 사랑과 칭찬의 말을 건네기는 쉽지 않은 것처럼 말이다. 아이가 부모의 지갑을 강물에 빠뜨렸을 때, 먼저 아이의 자아상에 대해 고려할 자신이 있는 부모가 이 세상에 정말로 있을까?

게다가 자신을 제외한 가족구성원이 모두 성인인 가정에서 자란 아이는 다른 사람들은 모두 똑똑한데 자신은 그렇지 않다고 느끼게 된다. 어른들은 모두 신발 끈 묶는 법이나 변기 사용법을 알고 있는데, 자신은 계속해서 설명을 들어야 하는 바보이다. 손위 형제 또한 긍정적인 자아상을 형성하는 데 방해가 된다. 이들이 동생에게 멍청하다고 하면 (비록 그들은 여섯 살이고 아이는 세 살일지라도) 동생은 그 말을 믿는다. 그들은 경험도 많고, 세상에 대해서도 잘 알고 있으니까. 형은 여섯 살이니까!

그러다 학교에 들어가면 상황은 더 악화된다. 나만 빼고 다른 아이들은 다 잘난 것처럼 보인다. 다시 비교가 시작된다. 게다가 선생님들은 내가 바르게 행동하는 동안에는 신경도 쓰지 않다가 조금이라도 잘못된 행동을 하면 바로 야단을 친다. 다시 한번 스스로가 잘못된 존재라는 느낌을 받는다.

학교에 입학하고 8년에서 10년이 지나면 사춘기가 시작된다. 이제 상황은 걷잡을 수 없을 만큼 힘들어진다. 신체 변화가 친구들에 비해 너무 빠르거나 느리게 진행된다. 몸의 어떤 부위는 지나치고 크고, 또 어떤 부위는 지나치게 작다. 살아가는 것 자체가 엄청나게 어색하고 거북해진다.

여기에 텔레비전까지 힘을 보탠다. 매일 보는 TV에는 영웅적인 일을 하는 재능 있고 매력적인 사람들이 등장한다. 모든 여자가 깨끗한 피부와 큰 눈, 고른 치아를 지니고 있으며, 남자들은 전부 큰 키에 잘생긴 턱과 우람한 팔근육을 지니고 있다. 이런 생물들과 자신을 비교하니 자아상이 또 한 번 와르르 무너져 내린다.

형편에 맞지 않는 상품을 보여주며 꼭 사야 한다고 주장하는 광고는 또 어떤가. "우아한 사람들은 크리스챤 디올을 입습니다. '좀 아는' 여성들은 구찌를 삽니다. 세련된 남자들은 재규어를 운전합니다." 메시지는 명확하다. "이런 물건들이 없다면, 당신은 멋없는 사람이다."

이게 전부 무슨 뜻이란 말인가? 우리에게는 전혀 가망

이 없다는 말이다. 엄마와 아빠, 손위 형제들, 수학 선생님, 랠프 삼촌, 리바이스 청바지 회사 사장 그리고 브래디 번치 가족°이 모두 나서서 우리가 기대에 못 미친다고 말한다. 세상이 원하는 모습에 발끝도 미치지 못한다고.

거기다가 우리가 속한 환경도 문제를 악화시킨다. 자존감이 낮은 주변 사람들은 우리를 깎아내린다. 그 결과, 우리도 기분이 나빠져 그들을 깎아내린다. 그러면 기분이 더 나빠진 사람들은 우리를 더 심하게 깎아내리고……. 악순환이 이어지며 결국 모두가 열등감에 시달리는 상황이 된다. (한 연구에 따르면 14세 이하의 어린이 98퍼센트가 자기 신체를 싫어하며 자신을 부적절하고 불안한 존재라고 느끼는 부정적인 자아상을 가지고 있다고 한다.)

자, 이제 내 부정적인 자아상이 어디서 왔는지 알게 되었으니, 남 탓을 할 때다. 그런가?

아니다. 나의 자아상을 이루는 얼토당토않은 생각들이 어디서 왔는지 알게 되었으니, 이제 그런 생각들을 내다

° 1970년대 미국에서 방영된 시트콤 드라마 〈개구쟁이 6남매The Brady Bunch〉의 주인공 가족.

버릴 때이다. 우리 부모님들은 나름대로 최선을 다하셨다. 우리에게 사랑을 주기 위해 당신들이 아는 모든 방법을 동원했다. 다만, 당신들이 잘못된 메시지를 주고 있다는 사실을 모르셨을 뿐. 자기 자신을 별로라고 느끼는 사람은 주변 사람에게 "너도 별로야!"라는 뒤틀린 메시지를 보내게 된다. 그러니 이제부터라도 우리는 진정한 자기 모습을 찾아가야 한다.

어쩌면 "잠깐만요! 실제로 내가 멋진 사람이 아니면요?"하고 묻고 싶을지도 모르겠다. 글쎄다, 여러분이 자신을 멋지지 않다고 생각한다면, 그건 여전히 다른 사람들의 말을 신경 쓰고 있기 때문이다.

내 말에 아마 "하지만 이런저런 이유 때문에 나는 내가 모자라고 잘못되었다고 느낄 수밖에 없어요"라고 항변할 것이다. 이런저런 이유란 이런 것이다.

× 살면서 바보 같은 짓을 많이 저질렀다.

× 사람들을 실망시킨 적이 많다.

× 종종 실패한다.

× 자신을 별로라고 생각한다.

× 너무 많이 먹는다.

× 가끔 못된 생각을 한다.

　네, 전부 정상입니다. 원래 인간은 완벽한 존재가 아니다. 인간이라면 누구나 실수하며, 조금씩 다 불안정한 존재이다. 모두가 그렇다.

　물론 정말로 근사한 자아상을 지닌 사람도 있다. 하지만 그들의 높은 자존감도 차곡차곡 쌓아 올린 노력의 결과이다. 아이러니하게도 우리가 우러러보는 사람들도 때로는 자신이 부족하다고 느낀다. 스포츠 재능을 타고난 뛰어난 축구 선수도 자신이 형만큼 똑똑했으면 좋겠다고 생각한다. 그런데 그의 똑똑한 형은 자신의 의대 졸업을 대수롭지 않게 느끼며 축구 선수 동생처럼 여자들에게 인기 있기를 바란다. 이 형제는 또 사촌 찰리만큼 부자가 되고 싶어 한다. 그런데 찰리는 소원하기를…… 끝이 없다. 우리는 이렇듯 항상 남의 떡이 커 보이는 요지경 세상 속에서 살고 있다.

　그러면 자신이 최고라고 잘난 체하는 사람들은 뭘까? 자신을 온 세상의 중심이라고 믿는 사람을 만나본 적이 있을 것이다. 자신이 마릴린 먼로와 재클린 케네디 등을 전부 합친 특별한 존재라고 믿는 여자들이나, 만난 지 1초만에 "나는 가장 위대하고 가장 부유하며 가장 섹시하고 가장 똑똑한 사람입니다"라고 자기소개를 하는 남자들을 말이다.

적당함의 중요성을 보여주는 살아있는 증거들이다. 자만심과 허영은 사람들을 짜증 나게 한다. "나는 너무 대단해"라는 가짜 자신감으로 가득 찬 사람들, 파티에서 한쪽 눈은 늘 거울 속의 자신을 바라보고 있는 사람들은 인기가 없다.

물론 자신이 정말 완벽하다고 믿는 사람들도 존재하지만, 대다수는 자신이 얼마나 대단한지를 늘어놓음으로써 실제로는 자신을 납득시키려는 사람들이다. 자아가 너무나 연약해 자신의 약점을 인정하기가 힘든 사람들인 것이다. 이들은 자기가 잘났다고 떠벌려야만 자신의 진짜 모습이 세상에 탄로 나지 않으리라고 생각한다.

우리가 아는 바에 의하면, 자기애는 자신을 자랑하는 행위가 아니다. 오히려, 자기애는 조용한 자신감과 유머 감각이 가미된 자기 존중 그리고 내적 안정의 형태로 나타난다.

따라서 적당하고 균형 잡힌 자존감이 중요하다. 너무 낮거나 너무 높아도 인간관계에서 문제를 일으킬 수 있기 때문이다.

그러면 긍정적인 자아상을 가지려면 어떻게 해야 할까? 남과의 끊임없는 비교를 피하고, 의미 있고 달성 가능한 삶의 목표를 설정하며, 자신에게 관대한 태도를 취하면 된다. 덧붙여, 다음의 방법 또한 도움이 된다.

자신이나 타인을 돌보는 행동을 하자. 자기 돌봄으로는 때때로 조용히 자신의 등을 토닥이는 행동이 있다. 그리고 주변 사람들을 위해 우리가 할 수 있는 멋진 행동은 하루에 백 가지도 넘는다. 미소를 짓거나 상대방의 말을 경청하거나 누군가에게 마실 것을 가져다주거나 자녀를 학교에서 데려오거나 친구나 친지에게 안부 카드를 보내거나 친구에게 책을 빌려주는 것은 모두 남을 돌보는 멋진 행동들이다.

하지만 길거리에서 "더 나은 세상을 위해 오늘 무슨 일을 하셨나요?"라는 갑작스러운 질문을 받는다면 대답할 말이 생각나지 않을 수도 있다. 자신이 한 일을 잊어버렸거나 '다른 사람들도 다 하는 일을 했을 뿐인데'라고 생각해서 그렇다. 그래, 세상에는 특별한 사람들이 있다. 하지만 여러분도 세상의 행복에 조금이나마 기여하고 있다는 사실을 잊어서는 안 된다.

우리는 너무나 자주 '남들도 이 정도는 하지'라고 생각한다. 그렇지 않다. 그러니 자신을 더 칭찬해주기를, 고개를 높이 들고 자부심을 가지기를 바란다. 그러면 우리는 더 많은 것을 성취할 수 있다.

사람들은 타인의 존경스러운 자질로 정직, 결단력, 용기, 헌신, 끈기, 배려심, 관대함, 겸손 등을 꼽는다. 그런데 이 자질들을 가만히 살펴보면 아마도 한 가지 공통점이 눈에 띌 것이다. 바로 선천적이 아니라 후천적인 특성이라는 사실이다. 누군가 용기 있고 정직하며 배려심이 깊다면 이는 타고났다기보다는 스스로가 그런 사람이 되고자 노력했기 때문이다. 운이 좋은 사람만이 갖출 수 있는 덕목이 아니라 누구나 원한다면 충분히 기를 수 있는 특성이다.

지식과 경험도 마찬가지다. 이 또한 운이 결정하는 문

제도, 선천적인 자질도 아니다. 전부 우리가 살면서 배우고 찾아내고 얻어낸 것들이다.

우리의 선천적인 특성이 인생행로에 미치는 영향은 미미할 뿐이다. 오히려 우리 각자의 목표가 삶에 미치는 영향이 훨씬 더 크다. 진심으로 더 크고 더 강해지고 더 이해심 있고 더 결단력 있는 사람이 되고 싶다면, 지금 바로 그런 사람이 되기 위해 노력하길 바란다. 성장하고 변화함에 따라 자신의 자아상도 달라질 것이다.

한마디로

세상은 우리의 본모습을 비추는 거울과 같다. 즉, 인간관계에서 생기는 문제의 대부분은 우리 자신의 문제가 반영된 결과다. 그러니 다른 사람들을 바꾸려 하지 마라. 우리가 우리의 사고방식을 고치면 인간관계는 저절로 좋아진다.

나의 공허함을 채워줄 사람은
세상에 없다

о

"나를 행복하게 해줄 사람이 나타나기만을 기다려요."

메리는 우울하고 외롭다. 그녀는 자신의 삶이 엉망이라고 느껴질 때마다 "나를 좋아해주는 사람들만 찾으면 행복해질 거야"라고 자신을 위로한다. 그럴 리가!

행복하고 안정적인 사람은 삶이 엉망진창인 사람을 멀리하는 경향이 있다. 사람은 자신과 비슷한 성향의 사람에게 끌리기 때문이다. 그러므로 우울하고 비참한 메리의 주위에는 그녀처럼 문제 있는 사람들만 모여들게 될 것이다. 그 결과, 이들은 두 배로 불행해질 것이다.

연인의 경우에도 마찬가지다. 그러니 자신의 인생은 자신이 책임질 생각부터 해야 한다. "나를 많이 사랑해줘요. 그러면 자살 따위는 생각하지 않을게요"라고 말해봤자 연인에게 부담만 줄 뿐이다.

물론, 행복 중에는 타인에게서만 얻을 수 있는 종류도 있다. 하지만 자기 삶은 자기가 책임져야 한다는 사실을 잊어서는 안 된다. 누군가가 나타나 내 삶의 모든 문제를 해결해주기만을 기다리는 사람의 인생은 실망의 연속일 따름이다.

우선 그런 사람이 나타나지 않으면, 더 많이 우울해진다. 혹여 그런 사람이 나타난다 해도, 그가 내가 원하는 대로 행동하지 않으면 오히려 더 우울해진다. 결국 그들을 향해 "나를 행복하게 해줘야지!"라며 비난을 퍼붓는 결말이 올 뿐이다.

혼자서도 행복하고 안정된 삶을 사는 사람이 만족스럽고 튼튼한 관계를 얻는다. 이들은 자신의 공허함을 채워줄 사람을 찾지 않는다.

이들은 자신이 소중한 존재임을 잘 알고 있다. 노래나 영화에는 "당신을 만나기 전까지 나는 보잘것없는 사람이었어요"라는 말이 흔히 나오는데, 실제로 그런 건 건강하지 못한 상황이다. 먼저 스스로 어엿한 사람이 되어야한다. 누군가의 '반쪽'이 되는 것은 바람직하지 않다. 우리는 이미 완전한 존재이기 때문이다.

그러면 어떻게 해야 할까? 다시 메리에게로 돌아가 보자. 그녀는 외롭고 우울하며 소외감을 느낀다. 그러나 사람들이 자신과 어울리지 않는 이유를 알지 못한다.

솔직히 말하자면, 그녀는 늘 다른 사람이 먼저 자신에게 전화해 같이 놀자고 조르기를 바란다. 다만, 그런 자기마음을 모르는 척하고 있을 뿐이다. 사람들은 누군가에게무언가를 하자고 설득하거나 간청하고 싶어 하지 않는다. 사람들은 열정이 있는 사람을 좋아한다.

그러니 활발한 인간관계를 원한다면, 우선 주변에 자신이 인생에 참여할 준비가 되어있다는 사실을 알려야 한다. 친구를 사귀기 위한 첫 번째 단계는 기쁜 마음으로 나가서 사람들을 만나는 것이다. TV와 냉장고 사이를 오가면서 매력적인 사람들을 마주치기는 조금 힘들 테니까.

메리는 먼저 사람들에게 전화를 걸어 "안녕하세요, 캐

런! 내가 기억이 안 날 수도 있겠지만, 나는 길 건너편에 살아요. 함께 피자 먹으러 가지 않을래요?" 혹은 "안녕, 테드. 이번 주말에 자전거 타기와 공부, 행글라이딩을 할 생각인데, 같이 하지 않을래?"라고 말해야 한다.

세상에는 수줍음(또는 오만함)을 극복하고 새로운 지평을 연 사람들이 많다. 다만, 현재의 삶을 바꾸고 새로운 친구를 사귈 계획을 세웠다면, 때로는 퇴짜를 맞거나 초대를 거절당할 가능성도 염두에 두어야 한다. 하지만 계속 노력하길 바란다. 충분한 보상이 뒤따를 것이다.

혹시 이런 과정에서 지나친 실망감을 맛보고 싶지 않다면, 상대방으로부터 보답을 기대하지 않기를 권한다. 사람들을 도울 때 대가를 바라지 않으면 실망할 일도 없다. 그중 일부는 우리에게 호의와 애정을 돌려줄 것이고, 일부는 그렇지 않을 것이다. 보상을 바라서가 아니라 마음에서 우러나 사람들에게 친절하게 대했다면 그들이 답례로 고마움이나 호의를 보여주지 않더라도 상처받지 않을 것이다.

그리고 우주는 본질적으로 공정하고 정의롭다. 사람들에게 관심과 애정을 베풀면 반드시 좋은 일이 생긴다. 기대했던 때나 장소는 아니더라도.

한마디로

우리 각자가 자신의 가치를 인정해야 한다. 남들이 대신 인정해주기를 원한다면 혹은 그들이 인정해주지 않는다면, 우리의 삶은 영원히 불만족스러울 것이다.

서로의 부족함을 채워주는 건강한 관계를 원한다면 먼저 독립적이고 완전한 인간이 되어야 한다. 그렇지 않으면 서로에게 부정적인 영향을 미치는 소모적인 관계밖에 될 수 없다.

외롭고 우울한 상황에서 자신을 좋아하거나 사랑해줄 누군가를 찾는 행동은 그다지 도움이 되지 않는다. 차라리 보답을 바라지 않고 내가 우정을 건네줄 사람을 찾는 편이 낫다.

새로운 사람을 만나거나 새 친구를 만들고 싶다면 먼저 연락하자.

자의식 과잉에서
벗어나기

○

존은 오랫동안 턱수염을 길러오다가, 어느 날 문득 수염을 깎기로 결심했다. 하지만 그는 변신을 시도하기가 왠지 주저되었다. '친구들과 동료들이 뭐라고 하지 않을까? 수염이 없다고 놀리지 않을까?' 하고 고민되었기 때문이다.

몇 달의 고심 끝에 존은 마침내 용기를 내어 수염을 깎았다. 콧수염만 빼고 전부. 다음 날 그는 동료들이 보일 끔찍한 반응을 상상하며 출근했다. 그런데 놀랍게도 그의 '새로운 모습'에 대해 한마디도 꺼내는 사람이 없었다. 사실은 점심시간이 될 때까지 그 누구도 그에게 말을 건네지 않았다.

더 이상 견디기 힘들어진 존이 스스로 그 화제를 꺼냈다.

"내 새로운 모습이 어때 보여?"

동료들은 어리둥절한 표정으로 대답했다.

"무슨 모습?"

"나 뭐 달라진 거 없어?"

긴 침묵이 흐르며 동료들은 머리끝에서 발끝까지 존을 훑어보았다. 마침내 누군가가 소리쳤다.

"어이, 콧수염 길렀구나!"

우리는 자신을 너무 진지하게 받아들인다. 그리고 이러한 자의식 때문에 모든 사람이 우리를 흘깃거린다고 생각한다. 현실은 그 누구도 우리에게 눈길 하나 주지 않는데.

한편, 자의식이 지나치게 강한 사람은 사람들에게 깊은 인상을 주려 필사적인 노력을 기울인다. 니나가 그렇다. 그녀는 외출할 때마다 몸단장에만 두 시간씩 투자한다. 파란 정장과 새틴 원피스, 또 검은 구두와 흰색 샌들을 두고 선택의 갈림길에서 고뇌에 빠지는 것이다. 옷에

제일 잘 어울리는 액세서리를 찾으려 목걸이 11개와 귀걸이 17개를 전부 착용해보기도 한다. 그러다 마침내 남편을 보며 묻는다.

"나 어때 보여?"

"멋져."

"정말?"

"환상적이야."

"헤어스타일이 너무 딱딱해 보이지 않아?"

"아니, 완벽해."

"립스틱 색깔이 너무 어둡지 않아?"

"예쁘기만 한데."

"나 괜찮아 보이는 거 확실해?"

"정말 사랑스러운 모습이야."

그날 저녁, 두세 번쯤 니나가 혼잣말로 중얼거린다. (한 번은 남편에게 속삭이기도 한다.) "딱 붙는 진주 귀걸이로 할 걸 그랬어." 그러자 그녀의 남편이 대꾸한다. "쓸데없는 데 신경 좀 그만 써." 니나는 그 말에 상처받는다.

외모에 대한 자부심이 지나치다 보면 강박으로 변하기도 한다. 니나의 경우는 낮은 자존감이 외모에 대한 강박으로 나타난 사례다. 그녀는 자신이 멋지게 보이는 데만 관심이 있고 친구를 사귀는 데는 무관심하다. 니나의 세계는 오로지 멋진 신발과 옷, 보석 그리고 자신으로 이루어져 있다. 남들이 자신을 멀리하면 니나는 그들이 자신에게 기가 죽었거나 자신을 부러워해서 그렇다고 생각한다. 실제로는 그녀를 불쾌하고 지루한 사람이라고 생각해서 그런데도.

누군가에게는 매우 중요한 일이 나머지 인류에게는 전혀 중요하지 않게 여겨지는 경우가 너무나 많다. 브라이언은 코끝에 여드름이 나자 일주일간 방에서 나가지 않기로 마음먹는다. 세상에, 그걸 누가 신경 쓴다고!

한마디로

함께 시간을 보내고 싶은 사람을 떠올리면 자조적인 농담을 기꺼이 즐기는 친구들이 가장 먼저 생각날 것이다. 이들의 삶은 누구보다 즐거우며 친구도 많다. 게다가 스트레스로 인한 궤양이 생길 가능성도 낮다. 자의식이 강한 사람은 함께 있을 때 어색하고 거북하기 때문에 가까워지기가 힘들다.

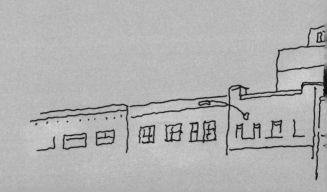

2장

마음을 솔직하게
표현하는 연습

달콤한 삶은

사람들과 함께하는 경험에서 비롯된다.

"나는 상처받고
싶지 않아요"

○

"사람들은 함께 있지만 각자의 외로움에 시달리며 죽어간다."
— 알베르트 아인슈타인

우리의 사생활을 원치 않는 참견이나 침입으로부터 지켜주는 현대의 생활 방식을 떠올려보자. 우리 중 많은 사람이 고층 아파트에 산다. 아파트에서는 승강기 안에서 가끔 마주칠 뿐이다. 교외에 사는 사람들의 형편도 그리 다르지 않다. 이들은 높은 울타리와 엄격한 보안 시스템을 이용해 자신을 고립시킨다. 대문에는 비밀번호 잠금장

치와 경비견이 있다. 이런 생활 방식은 반갑지 않은 사람과의 불행한 접촉을 차단하는 것이 목적이지만, 동시에 행복한 만남을 가로막는다.

우리 현대인은 하루 중 세 시간을 꽉 막힌 도로에서 홀로 보내며, 마주 보는 얼굴이라고는 컴퓨터 화면뿐이다. 사람들을 만나는 대신, 그들에게 문자 메시지를 보낸다.

거대한 쇼핑몰이 동네 구멍가게를 대신한다. TV를 보며 혼자 먹는 냉동식품이 가족들의 단란한 저녁 식사를 몰아낸다. TV를 볼 시간도 없는 사람들은 냉장고 앞에 서서 음식을 먹는다.

또, 공공장소에 있을 때면 언제나 멍하게 세상을 응시한다. 이 멍한 눈빛은 승강기나 지하철, 슈퍼마켓 안에서 타인과의 거리두기를 위해 꼭 필요하다. 우리는 무표정한 얼굴을 이용해 "난 당신을 몰라. 지금 난 아무 생각도 안 하고 있어. 나한테 말 걸지 마. 왜냐하면 당신은 미치광이일 수도 있으니까"라는 메시지를 전달한다.

그리고 하루에 4시간 정도 TV를 시청한다. 물론 혼자서. 방에 다른 사람이 있든 없든, 우리의 관심사는 TV뿐이다. TV에 볼 게 없다고? 아무 문제 없다. 우리에게는 인터넷이 있으니까.

　나쁜 상황일까? 아니, 반드시 나쁘다고는 할 수 없다. 한편으로는 신나고 또 편리한 시대이다. 다만, 우리가 처한 상황을 정확하게 이해할 필요는 있다. 현대의 사회 구조와 생활 방식은 우리를 사람들로부터 멀어지게 한다. 오늘날에는 개인적으로 누군가와 연락하고 싶다면 적극적인 노력이 요구된다.

　달콤한 삶은 사람들과 함께하는 경험에서 비롯된다. 우리에게 가장 기쁘거나 가장 소중한 순간, 가장 힘든 도전의 순간, 가장 따뜻한 시간은 혼자가 아닐 때가 대부분이다. 인생에서 가장 위대한 배움의 경험은 다른 이와 함께 할 때 이루어진다.

　이 세상에 머물며 기억에 남는 시간을 많이 보내고 싶다면, 우리 주위의 장벽을 허물어야 한다. 사람들을 만나고 함께하고 가까워지기 위해 노력해야 한다.

　"나는 아이들과 많은 시간을 보내지는 않지만, 함께 있는 동안에는 양질의 시간을 보냅니다"라고 말하는 아버지들을 종종 본다.

　하지만 양질의 시간이 되기 위해서는 양적으로도 충분

해야 한다. 열 살짜리 조니가 책을 읽어달라거나 함께 산책하러 가자거나 잔디밭에서 뒹굴고 싶다고 말할 때, "2분만 산책하자"라거나 "58초만 뒹굴자"라고 대답한다고 상상해보라. 상대방이 만족할 만큼 함께 보내야만 질적으로도 훌륭한 시간이 된다. 자신을 기만해서는 안 된다.

혼자서 모든 것을 해낼 수 있는 사람은 없다. 그렇게 보이는 사람도 사실은 그런 척하고 있을 뿐이다. 평생을 젠체하며 "난 괜찮아. 난 아무도 필요치 않아"라고 말해봤자 아무도 상을 주지 않는다.

자존심 때문에 행복해질 수 없다면 안타까운 일이다. 제인은 "밥에게 전화를 걸고 싶지만, 내가 자기한테 홀딱 반했다고 생각하면 어떡해요!"라고 말한다. 또, 밥은 "제인이 미치도록 마음에 들지만, 절대로 그녀에게 말하지는 않을 거예요!"라고 말한다. 그렇게 자존심을 지킨 두 사람은 주말을 외로이 홀로 보낸다.

매력적인 연인이나 함께 시간을 보낼 친구를 구하면서 부끄러워할 필요는 없다. 상대방이 우리를 마음에 들어 하지 않더라도 말이다. 내가 우연히 좋아하게 된 사람이 나를 좋아하지 않는 경우도 있을 수 있다. 사람들이 우리를 먼저 좋아해야 한다거나 말을 걸어야 한다는 생각을 가져서는 안 된다. 상대방이 내게 사랑이나 호감을 되돌려줄지 간을 볼 필요도 없다. 그냥 우리의 마음을 말해 버리자. "이봐요! 나는 당신이 멋진 사람이라고 생각해요. 당신이 나를 어떻게 생각하든지 상관없이, 나는 당신이 멋지다고 생각해요."

인생의 기쁨은 위험을 감수한 채 삶 속으로 풍덩 뛰어들어 자신을 솔직히 드러내는 행동을 통해 얻어진다. 모두가 우리를 좋아하지는 않겠지만, 우리에게는 누구라도 마음대로 좋아할 자유가 있다.

짐은 일주일 내내 그녀와의 만남을 고대했다. 목요일 밤이 되자 그는 자기 자동차에 광을 내고, 제일 좋은 셔츠를 입고, 얼굴에 화장수를 바른다. 도시를 가로지르며 40킬로미터를 운전해 그녀의 집 앞에 도착한다. 그러고는 현관문을 두드리며 말한다. "안녕! 우연히 근처에 왔다가…….."

맙소사, 짐! 솔직해져요! "일주일 동안 이때만 기다렸어. 시간이 너무 안 가더라. 너를 너무 보고 싶었어. 마음이 너무 설레어서 운전하는 내내 사랑 노래를 불렀어"라고 말해요. 그동안 스무 번이 넘도록 전화를 걸고 싶었지만, 상대방이 자신을 바보 같다고 생각할까 봐 참았다는 고백도 함께.

이만큼 솔직하기 위해서는 약간의 용기가 요구된다. 하지만 전적으로 인간다운 삶을 살기 위해서는 이런 용기가 꼭 필요하다. 이런 경험은 우리의 내면을 진지하게 바라볼 수 있는 기회이다. 덕분에 새로운 관계가 시작되기도 하고 오래된 관계가 되살아나기도 한다.

누군가는 "하지만 밀당을 해야 하지 않을까요?"라는 질문을 던질지도 모르겠다. 글쎄, 그것도 하나의 방법이긴 하다. 하지만 사람들과 유대감을 형성하는 데는 그냥 자기 자신답게 행동하거나 진정한 자신을 진솔하게 보여주는 편이 더 낫다.

'다른 사람을 필요로 하는 사람들이 이 세상의 최고 행운아People who need people are the luckiest people in the world'○라는 노래가 있

○ 바브라 스트라이샌드Barbra Streisand의 노래 〈사람들People〉에 나오는 가사이다.

다. 이 말은 반대로 '다른 사람을 필요로 하지만 그렇지 않은 척하는 사람들이 최고의 패배자'라는 뜻이라고 할 수 있다.

"난 상처받고 싶지 않아요. 그래서 난 사람들과 가까워지고 싶지 않아요. 언젠가는 나를 떠나거나 죽을 테니까요. 결국 내 마음은 산산조각 날 거예요." 이런 변명은 하지 말자. 물론, 이별은 우리에게 크나큰 상심을 불러온다. 하지만 "최선을 다했어"라고 생각할 수 있는 상황에서는 슬픔과 좌절도 훌륭한 경험으로 탈바꿈한다.

정말로 비참한 사람은 근사하고 달콤하며 설레는 경험의 기회가 주어졌는데도 그 기회를 뿌리쳤다는 사실을 나중에 맘속으로 곱씹는 사람이다.

스스로 자기 삶을
망치는 이유

○

어떤 남자가 친구에게 한탄했다.

"내게는 항상 안 좋은 일들만 일어나. 사람들은 나를 끊임없이 실망시켜. 왜 그럴까?"

친구는 잠시 생각하더니 대답했다.

"글쎄, 내가 보니까 너는 재앙을 끌어들이는 종류의 인간이야!"

항상 친구들에게 실망하는 사람들이 있다. 반면, 언제나 자신을 지지해주는 친구들로 둘러싸여 있는 사람들, 늘 타인의 존중을 받는 사람들이 있다.

왜 누구는 좋은 대접을 받고, 누구는 나쁜 대접을 받을까? 두 가지 이유가 있을 수 있다. 그냥 우연이거나, 자업자득이다. 즉, 평소의 행동이 그런 결과를 불러온다.

나는 인간관계의 성공과 실패를 가르는 원칙에는 운을 넘어서는 간단한 원리가 존재한다는 사실을 깨달았다. 이유를 좀 더 자세히 알아보자.

태어나는 순간부터 우리는 세상을 대하는 마음가짐을 빚어내기 시작한다. 이전에 인생 경험이 전혀 없음에도, 각자의 환경 속에서 어린 시절을 보내며 '인생이 어떠한지'를 일찌감치 결론 내린다.

심리학자들은 인간이 다섯 살에 이르면 성격이 거의 형성된다는 사실에 동의한다. 그 나이쯤 되면, 우리는 자신과 세상에 대한 몇 가지 고정관념을 발달시킨다. "나는 착해", "나는 못됐어", "나는 말썽꾸러기야", "사람들은 똑똑한 나를 좋아해", "나는 귀여워", "사람은 믿지 못할 존재야", "나는 재밌는 사람이야", "사람들은 나를 속여" 등등.

이러한 생각 중 일부는 의식적으로 자각하고 있지만,

일부는 잠재의식 속 깊숙한 곳에 숨어 있다. 우리는 스스로 형성한 이런 고정관념의 지배를 받는다. 그리고 우리는 우리의 믿음이 옳다는 사실을 증명하기 위해 평생을 보낸다. 그래서 때로는 스스로 자기 삶을 망치는 결과를 맞이하기도 한다. 그러면 적어도 자기 생각이 맞았다는 점은 드러낼 수 있기에!

자신의 고정관념에 맞추어 인생을 살아가는 사람들의 예를 살펴보자.

자신을 사랑하지 않는 사람

메리는 자기 자신을 좋아하지 않는다. 그래서 그녀는 다른 사람들도 자신의 열등한 자아상에 동조해 자신을 함부로 대하리라고 생각한다. 이때, 프레드가 나타나 그녀에게 다정하게 대한다. 메리는 이런 상황이 불편하다. 그래서 그녀는 '프레드는 지나치게 상냥해. 나에게 이렇게 잘해주다니 좀 이상한 사람임이 틀림없어'라는 생각에 이어, '나를 좋아한다니, 뭔가 문제가 있는 사람인 게 확실해. 그냥 무시하는 게 낫겠어'라고 결론 내린다. 프레드는 메리에게서 달갑잖은 분위기를 느끼고는 그녀를 떠난다.

다시, 메리는 "내 주변에는 왜 좋은 사람이 없는 걸까?"라며 한탄한다.

이때, 폭군 테드가 등장한다. 약자를 함부로 대하는 테드의 행동은 '남자는 남을 못살게 구는 생물'이라는 메리의 신념에 딱 들어맞는다. 당연하게도 그는 메리를 막 대한다. 그러자 메리는 테드가 평범한 남자라고 생각하며, 그의 옆에서 편안함을 느낀다. 이제 메리는 계속해서 불행하게 살며, 자신의 친구에게 "남자는 끔찍한 존재야. 내가 증명할 수 있어. 테드를 봐!" 하고 말할 수 있다.

긍정적인 자아상을 지닌 사람

루이즈는 화목하고 사랑이 넘치는 가정에서 자랐다. 가족과 친지들은 모두 상냥하고 착한 사람들이다. 그래서 그녀는 긍정적인 자아상을 가지고 있다.

그녀는 주로 배려심이 많은 사람과 친해진다. 무례하고 공격적인 사람을 만나면 불편함을 느끼고 그렇지 않은 사람을 찾아 나선다. 고릴라처럼 행동이 거친 남자를 만나면 "문제가 있는 남자야. 제대로 된 남자라면 그렇게 행동하지 않겠지. 다른 사람을 만나는 편이 좋겠어"라고 생각한다. 루이즈는 "내게는 배려심이 많은 사람이 어울리며 나는 그런 사람을 찾을 수 있다"는 확신을 지니고 산다. 그래서 고릴라 같은 남자는 메리에게 양보한다.

결핍이 있는 사람

마틴은 독립적인 사람이다. 성장하는 동안 부모의 돌봄 없이 혼자 모든 일을 알아서 처리하는 데 익숙하다. 모두가 '마틴은 참 독립적이야. 남의 도움 따위는 필요 없지'라고 생각한다. 하지만 마틴은 자기 주변을 둘러보며 '아무도 나를 도와주지 않아. 원하는 게 있다면 전부 내가 알아서 해야 해'라고 결론 내린다.

그리고 자기 사업을 시작하지만 '원래 다른 사람들은 도움이 되지 않는다'는 생각을 갖고 있기에 무능력한 사람들만 고용한다. 간혹 열심히 일하는 직원이 들어와도 성격이 맞지 않아 갈등이 일어난다. 마틴은 그들의 성격이 너무 드세다고 생각하고, 직원들은 마틴이 지나치게 통제적이라고 느낀다. 그 결과, 유능한 직원들이 떠난 회사에는 쓸모없는 직원들만 남게 된다. 이제 순교자 마틴은 모든 직원의 일을 대신한다.

그러다 무능력한 밀리가 입사한다. 그녀는 성실하고 유능한 마틴과 사랑에 빠진다. 두 사람은 완벽한 한 쌍이다. 밀리는 마틴을 존경하고, 마틴은 밀리 대신 모든 일을 하면서 그녀를 원망한다. 마틴에게 인간이라는 존재를 어떻게 생각하냐고 물어보면, 아마 "인간은 쓸모없는 생물이에요. 제가 잘 알죠. 주변에 온통 그런 사람들뿐이거든요"라고 대답할 것이다.

공격적인 세상 속에 살고 있는 사람

존은 끊임없이 말썽에 휩싸이는 친구이다. 내가 몇 년 전에 존과 함께 술집에 갔을 때의 일이다. 우리가 술집에 들어선 지 20분 만에, 한쪽 구석에서 싸움이 벌어졌다. 어떤 남자가 누군가를 목 졸라 죽이려 하고 있었다. 바로 존이었다.

나는 존의 목을 조르고 있는 남자에게 다가가 존을 놓아달라고 정중히 부탁했다. 그 남자가 내 부탁을 들어주었고, 존과 나는 그곳을 빠져나와 다른 술집으로 향했다. 그날 밤 두 번째 가게에 들어가서 나는 먼저 화장실로 갔다. 화장실을 나와 보니, 당구대 주변에서 한 무리의 사람들이 누군가를 두들겨 패고 있었다. 또 존이었다.

그를 끌고 나와 자동차에 태우자, 그가 다른 술집에 가자고 졸랐다. 그러고는 싸움에 대해 언급하며, "인간들은 언제나 남을 공격할 기회만 노리고 있어. 그러니 선빵을 날려야 해"라며 떠들어댔다.

존은 사람들이 공격적이라고 생각한다. 그의 좁은 시야에는 호전적인 사람들만 들어올 뿐이다. 존의 생각에 자기 직장 사람들은 기회만 있으면 그에게 달려들 사람들이다. 그리고 밤에 놀러 나가면 언제나 싸움에 휘말린다. 다시 한번 그의 믿음이 입증된다. 몹시 고통스러운데도, 존은 자신의 신념을 증명하고자 말썽을 찾아 밖으로 나간다.

"메리는 차라리 행복하게 살면서 자신의 믿음이 틀렸다는 사실을 증명하는 게 낫지 않아요?" 혹은 "존이 자기 신념을 바꾸면 어떨까요? 그러면 남들이 코를 부러뜨릴 걱정은 안 해도 될 텐데요", 또 "마틴은 사람들이 자기를 도와줄 거라고 믿으면 좋지 않을까요?"라고 말하는 사람들도 있을 것이다.

물론, 그들이 변할 가능성은 항상 존재한다. 하지만 인간에게 신념은 소중한 것이다. 몇백 년 동안 수백만 명의 사람들이 자신의 믿음을 지키기 위해 고통에 시달리거나 죽음을 맞이했다. 그리고 지금도 많은 사람이 여전히 같은 길을 선택한다.

우리는 "거봐, 내가 맞잖아!"에 집착한다. 때로는 자신의 논리에 너무 몰두해 실제로 무슨 일이 일어나고 있는지 알아차리지 못할 때도 말이다. 자신이 옳다는 사실을 자신의 행복보다 더 중요하게 여긴다.

그러니 "삶, 인간관계, 타인에 대한 나의 믿음은 어떠한가? 그리고 이런 믿음이 내 행복에 어떤 영향을 끼치고 있는가?"라는 질문을 스스로에게 던져볼 필요가 있다.

우리는 생각보다 우리의 삶에 훨씬 더 많은 통제권을 가지고 있다. 삶에 누구를 받아들이고 누구를 쫓아낼지를 선택하는 행동은 의식적으로도 이루어지지만, 무의식적으로도 이루어진다. 마음이 자석처럼 작용해, 평소 생각과 믿음에 따라 특정한 사람들을 우리의 세계로 끌어들인다.

생각해보자. 오전 내내 한 친구에 대해 생각했는데, 그 날 오후에 그 친구와 길거리에서 우연히 마주친 적이 있지 않은가? 특별히 만나고 싶지 않은 사람, 예를 들면 옛날 여자 친구나 엄마를 정말 생뚱맞고 난처한 상황에서 만난 적은? 우연히 선생님이나 고용주, 혹은 미래의 아내와 만난 후, 나중에 "정말 예기치 않은 만남이었어. 하지만 정말 행운이었지. 운명이었을까?"라고 생각한 적은? 우울한 시기에서 막 벗어나자마자 갑자기 기운을 북돋아주는 멋진 친구를 만나 "내가 준비되니까, 좋은 사람들이 나타나네?"라고 생각한 적은?

특정한 생각이 특정한 사람들을 끌어당긴다. 모든 사람이 나를 괴롭히고 싶어 한다고 믿는 사람은 그런 사람을 자주 마주친다. 주변에 없다면 찾아 나선다. 거리에서, 주차장에서, 통화 중에, 혹은 비행기 안에서⋯⋯. 하지만 사람들을 친절하고 다정하다고 믿는 사람에게는 어쩐지 친절한 사람들만 나타난다.

메리의 경우, 그녀는 테드 같은 나쁜 남자들을 좋아할 뿐만 아니라, 그런 남자들을 찾기 위한 내부 레이더도 갖추고 있다. 어떤 파티에 테드 같은 남자가 하나라도 있으면, 그녀는 사냥개처럼 곧바로 그 나쁜 남자의 냄새를 맡는다. 마찬가지로, 루이즈와 마틴도 자기 동족을 알아본다. 존이 어디로 가야 한 대 얻어맞을 수 있을지 직관적으로 아는 것처럼.

우리는 인생이라는 학교의 학생이다. 이 인생 학교에서 우리가 꼭 배워야 할 과목 중 하나가 바로 인간관계이다. 우주가 주는 이 배움을 한 번에 제대로 깨우치지 못하면, 우리는 계속해서 같은 수업을 들어야 한다. 같은 사람과 수업을 다시 듣기도 하고, 때로는 같은 문제를 가진 새로운 사람과 수업을 들을 때도 있다.

이를테면, 마틴에게 주어진 수업은 타인에게 의지하는 법을 배우는 것이다. 그가 이 가르침을 받아들여 타인의 의견을 존중하고 그들을 관리하는 법을 배운다면, 과도하게 일하는 지금의 습관을 벗어던질 수 있을 것이다. 현재 삶의 태도와 잘못된 믿음을 바꾸지 않는다면, 그는 자신의 남은 인생을 모든 일을 혼자 도맡아야 하는 운명의 구렁텅이로 밀어 넣게 된다. (그리고 다시 한번 자기가 옳다는 것을 증명한다.)

마찬가지로 메리와 존도 선택할 수 있다. 지금의 사고 방식에 갇혀 이대로 살거나 문제가 있는 삶의 태도를 바꿔 새로운 경험을 맛보기로 결심하거나.

한마디로

우리의 신념 체계가 방해할지라도 우리는 계속해서 배움의 기회를 만들어나갈 수 있다. 일단 해결책을 찾으면 그 문제에 대해서는 졸업할 수 있다. 그러면 삶이 바뀌는 경험을 하게 될 것이다.

우리에게는
선택권이 있다

。

    친화력이 좋고 인간관계가 원만한 사람들은 다른 사람을 비난하며 시간을 보내지 않는다.

    내가 여러분을 저녁 식사에 초대해 밥 먹는 내내 가족과 상사, 이웃들 그리고 어쩌면 여러분까지 비난하며 나의 우울한 삶에 대해 불평한다고 생각해보자. 분명 여러분은 다음에 또 초대받고 싶다는 마음이 들지 않을 것이다. 그렇지 않은가?

    여러분은 우리의 만남이 여러분의 인생을 더 즐겁고 풍요롭게 해주기를 기대했을 것이다. 나와 함께 행복한 시간을 보내고 싶었을 것이다.

세상을 향해 끊임없이 불평하는 행동을 그만둬야 하는 가장 큰 이유가 여기에 있다. 친구들이 지긋지긋해할 테니까. 또 하나의 당연한 이유는 자기 삶에 책임을 져야 하기 때문이다. 쉬지 않고 다른 사람들을 비난하는 동안에는 결코 제대로 된 삶을 살 수 없다.

세 살 시절에는 남 탓하기가 유용한 전략이었을 것이다. 형 때문에 침실 창문이 깨졌다고 말하면, 형이 야단을 맞고 여러분은 매를 피할 수 있었다.

문제는 당장 벌을 피하는 것보다 바람직한 삶의 태도가 인생에서 더 중요하다는 것이다. 남 탓만 하다 보면 잘못에서 아무것도 배우지 못한다. 그러면 상황은 변하지 않는다.

이혼 직전의 부부나 실패한 사업가, 낙제한 학생과 이야기해보면, 다음과 같은 말을 듣는다.

"내 잘못이 아니에요."

"어쩔 수 없었어요."

"당신이 미리 말하지 않은 탓이에요."

"아무도 나를 이해하지 못해요."

"정부의 책임이에요. 뭔가 조처를 했어야지요."

"그 사람들이 나를 실망시켰어요."

"아무도 내게 신경 쓰지 않아요."

패배자들이 말하는 이런 문장의 속뜻은 "이 상황은 내 잘못이 아니기 때문에 나는 아무 조치도 취하지 않을 것이다"이다. 안타깝지만, 다른 사람을 비난해봤자 문제는 해결되지 않는다. 그래서 남 탓만 하는 사람들은 언제나 불행하다.

행복한 우정을 원한다면 책임감이 있어야 한다. 부모님 때문에 인생의 출발점이 별로였다고 생각되더라도, 우리는 지금 그것을 바로잡겠다는 결심을 할 수 있다. 실력 없는 선생님 때문에 계산이나 맞춤법에 서투르다면, 지금이 그것을 개선할 때다. 직장 동료들이 짜증 나는 사람들이라 해도, 행복할지 말지는 우리 손에 달려 있다. 스스로 자기 삶을 바로잡지 않는다면, 누가 할까?

남 탓하기는 언제나 유혹적인 함정이다. 대중가요는 늘 그렇게 한다. "네가 내 마음을 아프게 했어", "너 때문에 울었어", "나를 외로이 두고 떠났지", "당신이 내 삶을 망쳤어요. 다시 돌아오지 않는다면 난 죽어버릴 거예요"
같은 가사가 흔하다.

우리가 받아들이지 않으면 아무도 우리를 비참하게 만들 수 없다. 남들의 말이나 행동이 어떻든 간에, 그 말에 대한 반응은 우리의 결정이다. 상사가 해고하거나 너무 뚱뚱하다는 말을 들었다고 하더라도, 우리의 불행은 그들 때문이 아니다. 그들은 단지 우리에게 문제를 던졌을 뿐이다. 그리고 거기에 어떻게 반응할지는 우리가 선택할 수 있다.

남 탓을 그만둔다는 것은 우리의 행동에 책임을 진다는 의미이다. 얼마나 자주 우리는 순진한 피해자인 척 구는가? 우리는 "그럴 것 같았어", "우울증이 있어", "어쩔 수 없었어" 같은 말을 자주 한다. 하지만 진실은 어쩔 수 없었던 것이 아니라 어쩌지 않았던 것이다.

스스로에게 솔직해지자. 우리는 항상 선택한다. 어디에 있을지, 누구와 있을지, 무슨 말을 할지, 어떻게 반응할지. 삶의 거의 모든 요소마저 선택이 가능하다. 회사, 직업, 배우자, 사고방식 등등.

우리에게 선택권이 있다는 사실을 그리고 모든 것이

우리 책임이라는 사실을 인정하는 순간, 우리는 온전하고 풍만한 삶을 살게 된다.

자신이 매우 똑똑하다고 생각하는 대학교수가 있다. 그는 일주일에 70시간씩 일하면서 일이 너무 싫다고 말한다. "내 일이 싫어요. 지나친 생존 경쟁에 시달리고 있어요. 하지만 뭐 달리 뾰족한 수가 있나요?"

그가 뭘 할 수 있을까? 일하는 시간을 줄여라! 아니면 다른 일을 찾아보거나! 인생은 한 번뿐이다. 쉰 살이나 된 뛰어난 학자가 좋아하는 일을 하며 시간을 보내는 방법을 찾아내지 못하고 있다. 그런데도 똑똑한 사람이라고 할 수 있을까? 그 교수는 자신에게 아무런 선택권이 없는 척한다. 그래야 자신의 태도나 직업을 바꾸지 않을 수 있으니까 말이다.

기분이나 감정도 선택할 수 있다

인간관계의 중요한 원칙 중 하나는 남들이 우리의 기분을 좌지우지하게 놔두지 않는 것이다. 불행도 전염될 수 있다. 그리고 종종 사람들은 우리에게 우울한 기분을 느껴야 한다고 주장하기도 한다.

최근에 우리 집에 도둑이 들었다. 도둑들은 비디오와 현금 200달러, 동전이 가득 든 저금통 하나 그리고 오래된 여행 가방을 훔쳐 갔다.

처음에는 도둑맞은 것 때문에 마음이 상했지만, 나는 하찮은 도둑들 때문에 내 하루를 망치지 않기로 마음먹었다. 짜증 나는 경험이었지만, 한편으로는 깨달음의 기회이기도 했다. 마음 한구석에서는 낡은 여행 가방이 없어져서 속이 시원했다.

그런데 더 큰 문제가 있었다. 사람들은 자기도 모르게 내가 우울해하기를 바랐다. 내 친구 짐도 도난 사건을 듣고는 내가 당연히 불안해해야 한다고 고집스레 우겼다. 짐은 자기가 내 불행에 공감하고 있다고 여겼다. 나에게 위로의 말을 건넨다고 생각하는 친구를 모르는 체하기가 미안했기에, "짐, 우리 집에 도둑 든 이야기는 들었지? 그런데 나는 이제 그 불쾌한 사건을 빨리 잊고 싶어. 이해해 줘. 걱정은 고마운데, 이제 다른 이야기를 하자. 좀 재미있는 걸로……"라고 말했다. (그러자 짐은 친구들과 우리 집 도난 사건을 이야기했고, 그 친구들은 곧 내게 걱정스러운 얼굴로 다가와. "집에 도둑이 들었다고 들었어요. 끔찍한 기분이겠네요."라고 말했다.)

종종 사람들은 의도와 상관없이 우리의 기분을 망치는 행동을 한다. 일하는 시간이나 휴식 시간, 또는 강의 도중에 누군가가 다가와 "이런, 피곤하겠어요!"라고 말한 적이 있는가? 아마 그 말을 듣기 전까지는 피곤하다는 생각 따위는 조금도 들지 않았을 것이다.

마찬가지로, 우리는 실망하라는 암시 또한 조심해야 한다. 형이 내 생일을 잊어버렸을 때, 누군가가 "좀 상처 받았겠다"라고 말한다고 가정해보자. 그럴 때의 감정도 선택할 수 있다. 형이 내 생일을 매년 잊어버려도 나는 아무렇지도 않다고 결심할 수 있는 것이다.

사람들에게 원하는 바를 말하자

남 탓하기와 책임지기를 구분 짓는 또 하나의 선은 사람들에게 자신이 원하는 것을 말할 수 있느냐이다.

브래드는 웬디를 데리고 춤을 추러 간다. 자정쯤에 웬디가 브래드에게 말한다. "나는 춤추러 오고 싶지 않았어. 영화 보러 가고 싶었다고."

"하지만 네가 춤추러 가자고 했잖아!"

"자기가 춤추러 가고 싶어 하는 것 같아서 그랬지. 나는 사실 영화를 보고 싶었어."

"영화 이야기는 한마디도 안 했잖아."

"물어봤어야지."

우리는 "내가 원하는 것은 이것이야"라고 확실하게 자신의 의사를 전달해야 한다. 아무 말도 하지 않은 탓에 즐겁지 않은 시간을 보내고서는 상대방을 탓해서는 안 된다.

건강한 관계가 되려면 상대방에게 자신의 욕구와 필요를 명확하게 표현할 수 있어야 한다. "나는 이것을 원해", "저런 식으로 나를 쓰다듬어 주면 좋겠어", "이것 좀 도와줘", "지금 이 이야기를 잘 들어주길 바라" 등.

당연한 말이지만, 사람은 자신을 비난하지 않는 사람을 좋아한다. 이것이 남 탓하기가 나쁜 전략인 이유이다. 우리의 친구들도 비난받고 싶어 하지 않는다.

"내가 이 모양인 건 다 세상 탓이야"

남 탓하기의 제일 큰 버전은 "내가 이 모양인 건 다 세상 탓이야"라는 말일 것이다. 이런 생각은 "왜 사람들은 내 가치를 알아보지 못할까?", "왜 아무도 내 재능을 알아채지 못할까?", "사는 게 이렇게 힘들어서야……. 누가 좀 도와주면 좋겠다" 따위의 말로 나타난다.

건강한 사고방식을 지니고 싶다면 세상은 우리에게 빚진 것이 없다는 사실을 먼저 깨달아야 한다. 인생은 커다란 슈퍼마켓이며, 우리는 가게에서 파는 50억 개의 상품 중 하나일 뿐이다. 상품으로써 우리의 목표는 사람들에게 우리의 가치를 증명하는 것이다. 함께 있을 때 즐거우며 도움이 되는 존재라는 것을 보여줘야 한다. 우리가 가치 있는 존재라는 점을 보여주면, 사람들은 우리의 친구가 되고 싶어 하거나 우리를 직원으로 고용하고 싶어 할 것이다. 하지만 쓸모없는 존재로 여겨지면, 팔리지 않고 선반 위에 남아있을 것이다.

나도 그림을 그리지만, 자신이 겪는 고생을 전부 남의 탓으로 돌리는 예술가들을 많이 알고 있다. 그들은 "대중들은 도대체 뭐가 문제야? 왜 진정한 예술을 알아보지 못하지?"라거나 "나는 예술가야! 창의적인 예술가지. 그러니 사회가 지원해줘야지!"라고 불평한다.

전부 헛소리다. 사회가 그들의 그림을 싫어하는데, 왜 그들을 지원해야 하나? 이 지구상에 살아있다는 것 자체가 하나의 특권이다. 그러니 멋진 인생을 원한다면, 사람들에게 자신의 가치를 증명할 수 있어야 한다. 남 탓은 대개 행동하지 않는 핑계가 되며, 행동하지 않는 사람은 도움이 안 되는 존재이다.

비난할 대상이 아무리 많아도 마찬가지다. 자녀, 과거 교육 경험, 부모, 나쁜 이웃, 정부, 날씨 등등, 현재의 불행에는 많은 원인이 있을 수 있다. 하지만 아무리 타당한 이유와 핑계라도 현재의 불행을 달래주지는 못한다. 결국 중요한 것은 원인이 아니라 결과, 즉 인생에서 정말 원했던 곳에 도달했는지의 여부이다.

한마디로

원인을 남에게 돌리며 남 탓에만 몰두하지 말고, 해결책에 집중해야 한다. 이렇게 물어보자. 먼저, "내가 원하는 것은 무엇인가?" 그리고 "그것을 얻거나 이루기 위해 어떤 행동을 취할 것인가?" 하고.

사람들은 흔히 "화가 나는 게 정상이지", "지금은 힘든 시기야", "사는 게 다 그렇지", "일하기 짜증 나" 같은 말을 한다. 이런 말을 들을 때마다 맘속으로 속삭이길 바란다. "저들은 그렇게 생각할 수 있지. 그런 생각을 존중하고 이야기를 나누기도 하겠지만, 나는 그렇게 생각하지 않을 거야. 내 기분과 감정은 내가 선택할 거야."

솔직해지면
문제는 단순해진다

o

메리가 친구에게 자신의 고민을 털어놓는다. "해리가 데이트를 신청했어. 좋은 남자긴 하지만 나랑은 공통점이 전혀 없어. 그래서 내키지 않아. 뭐라고 대답하면 좋을까?" 메리와 그녀의 친구는 무슨 대답을 할지 이리저리 궁리한다.

사실, 고민할 필요도 없는 문제라고 메리에게 말해주고 싶다. 메리는 "해리, 당신은 참 좋은 사람이지만 우리는 공통점이 없어요. 그래서 당신과 데이트하고 싶지 않아요"라고 말하면 된다. 간단하지 않은가? 괜스레 인생을 복잡하게 만들 필요가 있을까?

또는 이런 대답도 괜찮을 것이다. "해리, 당신에게 무슨 말을 할지 한참을 고민했어요. 심지어는 친구에게 물어보기까지 했어요. 음, 당신을 좋은 사람이라고 생각하지만 데이트하고 싶지는 않아요."

정직은 많은 상황을 아주 간단하게 해결한다. 우리가 거짓말을 하지 않는다고 해서 세상이 우리를 더 사랑하지는 않는다. 하지만 눈치껏 정직하게 말하면 문제를 쉽게 해결할 수 있다.

상사가 중요한 편지 몇 통을 부쳐달라고 요청했다. 그런데 여러분은 편지를 부치는 대신, 실수로 쓰레기통에 던져버렸다. 긴 변명을 늘어놓을 수도 있겠지만, 그래봤자 힘만 들 뿐이다. 차라리 "부장님, 진짜 멍청한 짓을 저질렀어요. 말씀드리기 정말 죄송한데……. 어제 주신 제 안서가 쓰레기장으로 사라졌습니다"라는 말이 가장 쉬운 해결책이다.

사람들에게 솔직하면,

✗ 사람들이 우리를 존경하고 인정한다.

× 사람들이 우리를 믿는다.

× 사람들이 우리의 입장이나 의견을 알게 된다.

× 우리가 원하는 것을 더 많이 얻을 수 있다.

최근에 어떤 남자가 나를 찾아와서는 몇 시간 동안 머무르며 "요즘 어떻게 지내세요?", "바쁘신가요?", "사업은 어떻습니까?" 따위의 질문을 했다. 나는 그가 단순히 사교적인 목적으로 방문했다고 생각했다. 하지만 며칠 후 나는 그 남자가 직장을 잃어서 새로운 일자리를 찾고 있다는 사실을 알게 되었다. 만약 그 사람이 "실직해서 일자리가 필요합니다"라고 말했다면, 내가 도와줄 수 있었을 것이다. 이상하지 않은가? 그 남자는 일자리에 대한 말은 한마디도 하지 않았다. 집세조차 내지 못하는 상황이었는데도.

원하는 것이 있다면 말을 해야 한다. "도와주세요", "100달러만 빌려주세요", "귀찮게 하지 마" 등등. 누군가와 데이트하고 싶다면? 물어보라. "당신은 이 파티장에서 가장 매력적인 사람이에요. 당신과 데이트하고 싶군요. 당신의 생각은 어떤가요?"

아이는 원하는 게 있으면 곧바로 말하고 그것을 얻는다. 그런 솔직함이 아이가 가진 매력이다. 그래서 아이처럼 솔직한 어른에게 사람들은 매력을 느낀다.

또, 모르는 것이 있으면 솔직하게 모른다고 하자. 모든 답을 알고 있는 척하는 교사나 동료, 부모님, 그 외 다른 전문가들이 얼마나 짜증 나는지, 우리는 잘 알고 있다. 사람들은 "모른다"고 말할 수 있는 사람을 언제나 존경한다.

한마디로

사실대로 말하자. 다만, 사용하는 단어에는 신경 써야 한다. 정직은 상대방을 향한 존중의 표시이며, 무엇보다 쉬운 해결책이 된다.

건강하게
화내는 방법

○

    가끔 화가 나는 것은 정상이다. 하지만 안타깝게도 우리 대부분은 화를 내는 것을 나쁘다고 배운다. 우리를 가르친 교사나 부모들이 화를 다루는 법을 모르기 때문이다. 이들은 누군가가 목소리를 높이거나 고함을 지르면 당황하거나 어색해한다. 그래서 우리는 '절대 분노나 불쾌한 감정을 드러내지 말라'고만 교육받았다. 그 결과, 많은 성인이 타인에게 화를 내는 대신, 속으로 자신을 벌하는 데에 익숙하다.

    이를테면, 어떤 사람과 함께 저녁 시간을 보내는데, 그 사람이 대화를 독점하고 나는 한마디도 못 하는 상황을 떠올려보자. 그 사람이 단 1분도 입을 다물지 않아서 나는 화가 나고 답답한 기분을 느낀다.

이렇게 말해야 할까? "화가 나네요. 왜냐하면……." 안 된다. 예의가 아니다. 그래서 나는 입을 다물고 술을 마신 다. 그리고 다음 주 내내 못마땅한 심정으로 그 사람의 행 동을 곱씹는다.

누군가가 오후 5시에 나를 데리러 직장 앞으로 오기로 약속했다. 그런데 그 사람은 7시 30분에 도착했다. 나는 내 시간이 존중받지 못했다는 생각에 매우 화가 난다. "참 화가 나네요. 왜냐하면……" 하고 솔직하게 말할 수 있을 까? 아마 그러지 못할 것이다. 속이 좁아 보일 테니까. 그 래서 그날 저녁 내내 상대방과 상대방의 옷, 직업, 친구들 에 대해 비난하느라 저녁 시간을 망쳐버린다.

혹은 대화 상대가 내가 하는 일에 전혀 관심이 없는 경 우는 어떠한가? 내 취미나 앞으로의 계획에 관해 이야기 하려고 할 때마다 상대방은 화제를 바꾼다. 이성적인 어 른이라면 쉽게 화를 내서는 안 되기에, 나는 못마땅한 감 정을 표현하는 대신 우울증에 걸리는 것을 택한다. 우울증은 일주일 만에 사라질 수도 있고, 몇 년 동안 계속될 수도 있다.

우울증과 함께 두통, 복통, 그 밖의 수많은 증상이 뒤따른다. 이제 나는 병자다. 하지만 적어도 분노 조절 장애는 없다.

마지막으로, 인생의 많은 사건과 사람들에게 분노가 치미는 사람을 생각해보자. 하지만 그는 일일이 화를 내고 싶지는 않다. 그런 식으로 굴면 주변 사람들이 자기를 좋아하지 않을 테니까. 그래서 화를 내는 대신 음식을 먹는다. 분노를 내보낼 수 없기에 먹는 행위를 통해 스스로에게 벌을 준다.

상황을 단순화했지만, 예로 든 상황들은 우리에게 친숙한 패턴이다. 화를 마음껏 드러내기란 어려운 일이다. 게다가 잠깐이지만 주변 사람들의 기분을 망칠 위험도 있다. 하지만 화가 날 때 화가 난다고 표현할 수 있으면, 원인을 해소할 수 있는 기회를 얻을 수 있다. 감정을 억눌러봤자 더 많은 문제만 낳을 뿐이다.

그러면 어떤 방식으로 화를 내야 할까? 종종 주변 사람들이 좋아하지 않더라도, 건강하게 화를 내는 행위는 나와 상대, 모두에게 최선의 이익을 가져다준다는 사실을 염두에 두어야 한다. 또, 다음의 사실도 기억하자.

× 자신의 감정에 책임을 져야 한다. 즉, "너는 개자식이야"라고 말하기보다는 "나는 화가 나. 왜냐하면 ……"이라고 말하자.

× 몇 분 (또는 몇 시간) 정도 화가 가라앉길 기다렸다가 차분한 마음으로 대화하자.

× 상대방에게 가능한 한 긍정적으로 이야기하자. 이를테면, "당신도 바쁜데 직장까지 데리러 와줘서 정말 고마워요. 그런데 두 시간이나 늦어서 화가 좀 나네요. 당신을 비난하려는 게 아니라 그냥 내 기분이 그렇다고요"라고 말이다.

화에 관한 이야기를 끝내기 전에, 화의 표현과 억압─화를 억압하는 경우에 대해서는 앞서 간략하게 이야기했다─이라는 두 가지 측면에 대해 좀 더 깊이 생각해보기를 바란다.

화를 표현할 때는 차분한 정신 상태인 편이 좋다. 자신을 통제할 수 있어야 하기 때문이다. 다시 말해, 화가 났을 때도, 어쩌면 격한 분노에 휩싸였을 때도 자신의 감정을 완전히 통제할 수 있어야 한다.

화가 나는 상황에서 벗어나 열을 식히는 시간을 잠시 가지기를 바란다. 동네 주변이나 근처 공원을 길게 산책하는 것만으로도 충분하다. 하지만 어떤 행동을 하든 간에, 원래 목적을 잊지 말아야 한다. 문제 상황에서 도망치려는 것이 아니라 새로운 관점으로 상황을 바라보기 위한 행동이라는 점을 말이다.

또 하나 명심해야 할 점은 이 시간을 지친 군인이 다시 전쟁터로 뛰어들기 위해 잠시 휴식을 취하는 시간이라고 생각해서는 안 된다는 것이다. 우리의 목표는 갈등 해결이지 상대방을 때려눕히는 것이 아니다. 화를 내는 것은 합리적인 행동이지만, 이성적인 정신 상태일 때만 그러하다.

화를 낼 때 고려할 또 다른 사항은 현재의 원인에만 집중해야 한다는 점이다. 그래야만 혹시 심각해질지도 모를 만일의 사태를 미리 막을 수 있다. 다시 한번 말하지만, 우리는 승리가 아니라 해결을 목표로 해야 한다. 이미 지나간 과거의 일을 끌어들여서는 안 된다.

또, 현재 문제와 관련 있어 보이더라도 다른 사람이나 별개의 상황을 언급하지 않도록 주의해야 한다. 그런 행동은 상대방을 꼼짝 못 하게 하려는 얄팍한 술수에 지나지 않는다. 이런 식의 행동은 필연적으로 사태를 복잡하게 만든다. 그러면 해결책을 찾기가 더욱 어려워지며, 관계 또한 악화된다.

한마디로

화를 내면 사람들이 싫어할 수도 있다. 하지만 곧 상황을 받아들여, 서로를 더 잘 이해하게 될 것이다. 반면, 화를 내지 않으면, 그래서 스스로에게 부당한 처벌을 가하면, 문제는 해결되지 않은 채 그대로 남아 있을 뿐만 아니라 더 심각한 피해를 불러온다.

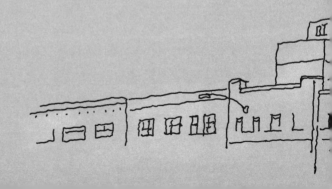

3장

잘 보이고 싶은 마음이
위험하다

"사람들이 나를 어떻게 생각하는지까지
내가 상관할 필요는 없다."

세상은 우리가 기대하는 대로
우리를 대한다

o

사람들이 나를 대하는 행동이 맘에 들지 않는다면 먼저 내 행동을 바꾸어야 한다. 어떤 대우를 원하는지 사람들에게 알려주는 일은 전부 자신의 몫이다. 너무나 자주 우리는 부당한 상황에 대해 상대방 탓을 한다. 인간관계가 삐걱거리는 책임의 일부는 우리에게도 있다. 누군가가 우리를 함부로 대한다면, 우리가 절반쯤은 그런 상황을 스스로 끌어들였다는 뜻이다.

헬렌의 이야기를 들어보자. 남편에게 휘둘리며 사는 그녀는 "남편 브루투스는 나를 하찮게 여겨요. 나는 그 사람이 허락하는 일만 할 수 있어요. 남편은 집안일에는 손끝 하나 까딱하지 않아요. 그러면서 외출도 자기가 가고 싶은 데로만 가요. 게다가 내게 개인적인 용돈은 한 푼도 주지 않아요. 나를 쓰레기처럼 대하면서 내가 뭘 해줘도 전혀 고마워하지 않아요"라고 한탄한다. 헬렌은 "내가 뭘 어쨌다고 이런 괄시를 받아야 하나?"라며 억울해하는 순교자 피해의식을 지닌 사람 중 하나이다.

그래서 헬렌에게 "왜 짐승 같은 남편에게 맞서지 않으세요?"라고 물었더니, "예전에 한 번 대들었는데 남편이 이성을 잃고는 화장실 문을 주먹으로 부쉈어요. 그때 굳이 싸울 가치가 없다는 생각이 들더군요. 그래서 그냥 남편이 자기 마음대로 하도록 내버려두기로 했어요"라고 대답했다.

헬렌은 몰랐겠지만 그리고 아마 인정하지도 않겠지만, 남편 브루투스가 그렇게 행동하도록 한 사람은 바로 그녀 자신이다. 확실한 사실은 브루투스가 아무에게나 난폭하게 굴지는 않는다는 점이다. 그도 누울 자리를 봐가며 발을 뻗는다. 지금까지 헬렌은 가장 쉬운 방법을 택하며 살아왔다. 자기 삶에 책임지지 않고 약한 모습을 보이며, 친구들의 동정심에 기대어 모든 문제와 불행의 원인을 브루투스에게 돌렸다. 하지만 헬렌이 남편을 대하는 방식을 바꾸면, 그를 말 잘 듣는 개처럼 훈련시킬 수 있다.

어떻게? 먼저, 헬렌은 자기 자신을 존중해야 한다. 우리가 자신을 존중하는 만큼 사람들도 우리를 존중한다. 헬렌이 좋은 대우를 기대한다는 사실을 브루투스가 느끼면, 그의 태도가 달라지기 시작할 것이다. 푸대접을 받는 사람들은 "나에게 함부로 할 거 알고 있어. 그리고 네가 그렇게 해도 가만히 있을 거야. 나중에 네 행동을 비난하긴 하겠지만"이라는 태도를 은연중에 내뿜는다.

헬렌이 할 수 있는 직접적인 행동도 많다. "브루투스, 한 번만 더 주먹으로 화장실 문에 구멍을 내면 한 달 동안은 내 코빼기도 못 볼 줄 알아"라고 말하고 정말로 그렇게 행동할 태세를 취할 수 있다. 혹은 이제부터는 그녀를 제대로 대우하라고 차분하게 말할 수도 있다. 아니면, 이제 고릴라 같은 남자랑은 더 이상 못 살겠으니 영원히 떠나버릴 수도 있다.

손뼉도 마주쳐야 소리가 나듯이 인간관계도 마찬가지다. 어떤 상황에 대한 책임은 양쪽 모두에게 있으며 양쪽다 나름대로 상황에 따른 보상을 받는다. 헬렌이 받는 보상은 모든 책임에서 벗어나 어려운 결정을 내리지 않아도 되고 문제가 있으면 전부 브루투스의 탓으로 돌릴 수 있다는 것이다. 브루투스가 받는 보상은 아내를 노예처럼 부리며 모든 일에 아내 탓을 할 수 있다는 것이다.

관계가 형성되는 데도 두 사람이 필요하지만 관계가 고장 나는 데도 두 사람이 필요하다. 하지만 왜인지 나보다 남의 문제를 바라볼 때 객관적인 관점을 유지하기가 더 쉽다. 내가 아는 이혼 직전의 부부 한 쌍이 있다. 어쩔 수 없이 전업주부가 된 아내는 집에서 소설을 읽거나 낮잠을 자느라 요리와 청소를 등한시한다. 남편은 자신이 공장에서 퇴근해 집에 오면 저녁이 준비되어 있기를 원한다. 하지만 귀가하면 늘 식탁은 텅 비어 있고 화를 내며 집이 떠나가라 소리를 친다.

남편은 아내가 아무짝에도 쓸모없는 게으름뱅이라고, 그녀가 100퍼센트 문제의 원인이라고 생각한다. 하지만 아내는 자신이 집구석에 처박혀 미쳐가고 있는 지금의 상황이 전부 남편 탓이라고 여긴다. 이 부부에게서 우리가 배울 수 있는 교훈은 문제를 상대방의 잘못으로 돌리기는 쉽지만, 진실은 그렇지 않다는 사실이다.

우리는 아이들이 그 가정의 지배자인 경우를 자주 본다. 이 아이들은 부모에게 명령을 내린다. "아빠! 내 양말 가져다줘", "엄마, 케이크 좀 이리 가져와", "내 셔츠 다려줘", "지금 당장 야구장에 데려다줘" 등등.

이 아이들의 부모는 "왜 우리가 이런 대접을 받아야 하나요?" 하며 한숨 쉰다. 내가 답해주겠다. 그들은 애초에 스스로 나서서 15년간 자식들의 시중을 들었다. 아이들에게 자신들을 노예처럼 부리는 방법을 가르친 것이다.

그런 삶에서 벗어나고 싶다면, 자녀에게 알맞은 교육을 해야 한다. 컴퓨터를 사용할 수 있는 8살이라면 식기세척기도 작동시킬 수 있다. 스케이트보드를 탈 수 있는 신체와 두뇌가 있는 아이라면 셔츠도 다릴 수 있다.

부모는 자녀에게 자신들이 하인이 아니라는 점을 가르치는 동시에, 가정의 구성원으로서 기여하고 있다는 의식을 심어주어야 한다.

"가족에게서 고맙다는 말을 들어본 적이 없어요"라고 말하는 어머니를 본 적이 있는가? 어째서일까? 한 가정의 어머니로서 자신을 내세우지 않고, 자녀들에게 어머니를

대하는 적절한 방법을 가르치지 않을 때 이런 일이 일어
난다. 그러면 슬프게도 "자식을 여섯이나 키워서 결혼까
지 다 시켰어요. 그런데 한 놈한테서도 '고맙습니다'라는
말을 못 들어봤어요"라고 눈물짓는 어머니가 된다.

자녀들이 어릴 때부터 그녀가 "인사는 감사와 존경의
표시란다. 그러니 내가 저녁을 차려주면 고맙다는 말을
해주면 좋겠구나. 식사에 대한 감사 인사를 하지 않으면
다음 날 저녁은 너희들이 준비해야 할 거야. 또 야구장에
태워다 준 것에 대해서도 고맙다고 인사하지 않으면 다음
주에는 걸어가야 할 거야"라고 가르쳤다고 생각해보자.
그녀가 그 말대로 실천하면, 자녀들은 곧바로 예의 바르
게 되지 않을까?

부담스러운 사람을 상대하는 법

언제 떠날지도 모르는 손님이 집에 온 적이 있는가? 이
들은 새벽 4시까지 남의 집에서 뭉그적댄다. 어쩌면 성탄
절이 될 때까지 떠나지 않을지도 모른다. 하지만 우리는
이런 사람들도 스트레스를 받지 않고 다룰 수 있어야 한
다. "좀 불편하네요"라고 편하게 말할 수 있어야 한다.

또, 우리의 시간을 잡아먹는 사람들도 있다. 그들과 같이 있는 시간을 좋아한다면 아무런 문제가 없다. 다만, 웃으며 많은 시간을 함께 보내고 나서는 다음 주 내내 그들을 원망하게 된다면 문제라고 할 수 있다. 자기희생을 예의라고 착각해서는 안 된다.

　어떤 사람들은 옛날에 이미 수십 번도 넘게 들었던 이야기를 다시 쉬지 않고 늘어놓으며 우리를 죽을 만큼 지루하게 한다. 화제를 바꾸거나 이 대하소설의 줄거리를 요약해달라고 요청하지 않는 한, 그들은 결코 우리에게 지루함이라는 형벌에서 벗어나는 자비를 베풀어주지 않을 것이다. 물론, 예의 바르고 친절하게 사람들을 대해야 한다. 하지만 이웃 프랭크가 1962년에 받은 3시간짜리 전립선 수술 이야기를 또다시 시작하면 그의 말을 끊는 편이 훨씬 나을 것이다.

　우리의 시간은 소중하다. 그러니 원하는 바를 정중한 말투로 자연스럽게 말하자. "프랭크, 제게 군이 시간을 들여 그 이야기를 해주시는 건 정말 감사드려요. 다만, 잊어버리셨나 본데 예전에 이미 그 이야기를 해주셨어요"라거나 "지금 제가 시간이 별로 없어서요. 요점만 먼저 알려주실 수 있나요?"라고 말하면 된다.

징징이나 투덜이를 대할 때도 마찬가지다. 끝없는 불평에 굴복해서는 안 된다. 단호하게 대하자. "지금 네 행동은 우리 모두에게 도움이 되지 않아. 문제를 해결하기 위한 건설적인 방법을 찾아보자"라고 말하자.

어떤 사람들은 남에게 죄책감을 느끼게 하는 데서 희열을 찾는다. "당신만 아니었다면……. 너를 위해 얼마나 희생했는데……" 같은 말에 넘어가서는 안 된다. 죄책감은 정신을 좀먹는다. 자신들의 행동을 되돌아보게 하고 "내게 죄책감을 심어주려고 그러는 건 아니지, 그렇지?" 하고 단도직입적으로 물어보자. 그러면 대개 그들은 말의 속뜻을 알아듣고 그런 행동을 그만둔다.

한마디로

우리를 존중하지 않거나, 우리의 시간을 몽땅 빼앗아 가거나, 우리를 함부로 대하는 사람들을 만났을 때는 "나의 어떤 행동이 이 사람들이 이렇게 행동하도록 부추겼을까?" 하고 스스로에게 물어보자. 그들이 바뀌기를 원한다면, 먼저 우리가 바뀌어야 한다.

원하는 바를
정확히 전달한다

○

사랑한다고 해서 상대방에게 휘둘리다 보면, 결국에는 그들을 원망하게 된다.

단호한 행동과 공격적인 행동의 차이는 무엇이라고 생각하는가? 괜찮은 대응과 불쾌한 대응은 또 무엇이 다를까?

확실한 차이를 말하기는 어렵지만, 한 가지는 분명하다. 자신의 생각과 의견을 밝히는 행동은 자신과 우리가 사랑하는 사람들에 대한 우리의 의무이다. 갈등 상황에서 문제의 원인을 자신에게서만 찾거나 피해자인 양 굴면,

더 큰 문제가 생길 수 있다.

하고 싶은 말을 하는 행동은 예의나 도덕과는 상관없는 일이다. '권리'의 문제도 아니다. 단지 정상적이고 온전한 사람으로서 자신이 원하는 바를 드러낼 수 있는 능력의 문제일 뿐이다.

사람들은 종종 "나의 권리"라는 말을 사용한다. 이를테면, 존은 "나는 정당한 대우를 받을 권리, 좋은 서비스를 받을 권리, 존중받을 권리가 있습니다"라고 말한다. 하지만 권리에 대해 말해봤자 변하는 것은 없다. 남들에게서 어떤 대우를 받을지는 내가 어떤 행동을 하는지에 따라 달렸다.

우리를 둘러싼 세상도 우리의 권리에 대해 무심한 듯하다. 자연법칙은 배관공이 욕실의 세탁기를 고친 일에 대한 청구 금액을 정해주지 않는다. 또, 은행원이 우리에게 얼마나 무례한지에 전혀 관심을 가지지 않는다. 우리의 급여 인상에 관한 상사의 결정에 영향을 미치는 일 따위도 전혀 없다.

그러니 우리가 자신을 위해 할 수 있는 일은 우리에게 무엇이 옳고 좋은지를 결정하고 그렇게 주장하는 것이다.

수프 그릇에 유리잔을 떨어뜨린 웨이터를 꾸짖고 싶다면? 그렇게 하자. 그런 일에 수선을 떨고 싶지 않다면? 가만히 있자. 전부 괜찮다.

"무례한 택시 기사에게 불평하지 마라", "남편이 어떤 TV 프로그램을 선택해도 투덜대지 마라" 혹은 "웨이터가 푸대접해도 기꺼이 받아들여라" 같은 말은 절대적이고 변치 않는 진리가 아니다. '나쁜 사람'과 '좋은 사람'의 이분법에서 벗어나 자기 생각과 원하는 바를 확실하게 표현해야 한다.

다음은 단호하게 주장을 펼치는 상황에서 도움이 되는 지침이다.

첫째, 객관적으로 이야기하자. 문제에 대해 불만을 쏟아낼 때는 과장하거나 비난조로 말해서는 안 된다. 예를 들어, 식당에서 옆자리 손님이 담배를 피우고 있다면, "밥 먹는 제 얼굴로 담배 연기가 날아오네요. 담배 좀 꺼주시겠어요?"라고 하자. "담배는 밖에 나가서 피워요!"라는 말보다 훨씬 나은 대응이다.

우리는 지나치게 자주 '늘'이나 '절대' 같은 표현을 사용한다. "너는 늘 늦는구나!" 혹은 "내 말은 절대 안 듣지!"처럼. 이런 지나친 일반화는 상대방의 기분을 상하게 한다. 그러니 객관적으로 정확한 사실만을 말하는 것이 중요하다. "당신이 내뿜는 더러운 담배 연기 때문에 질식해 죽을 지경이에요" 같은 과장된 표현은 불쾌감만 줄 뿐이다.

둘째, 자신이 어떻게 느끼는지를 알려주자. "당신 때문에 구역질이 나요. 그런 짓은 범죄예요!"라고 하기보다는 "당신의 스파게티 씹는 소리가 너무 커서, 내가 마음 편히 밥 먹기가 힘들어요. 식당 안 사람들이 당신을 쳐다보는 것도 속상하고요"라고 말하면 된다.

비난이 아닌 다른 반응을 선택할 수 있다는 사실을 꼭 기억해두길 바란다. "조금 거슬리네요"나 "걱정되네요" 같은 표현이 "진절머리가 나요"나 "돼지 같은 인간"처럼 비난하는 말보다 더 낫다.

셋째, 자신이 원하는 바를 분명히 말하자. "지금 당장 이 가게의 매니저와 이야기하고 싶습니다"나 "청구서를 지불하기 전에, 인건비와 재료비에 대한 항목별 명세서를 보고 싶습니다"처럼 구체적으로 말해야 한다. "정신 차려!", "예의 좀 배워!", "바가지 씌우지 마세요!"처럼 애매한 문장은 문제를 해결하는 데 그다지 도움이 되지 않는다.

넷째, 요청에 따른 보상을 제공하자. 이를테면, 요란한 음악 때문에 이웃을 찾아간 상황이라면 "음악 소리를 조금만 낮춰주세요. 다음에 저도 파티를 열 때, 똑같이 조용히 하겠습니다"처럼. 상대방이 우리의 요구를 들어주면 양쪽이 모두 누릴 수 있는 이득을 설명한다. '어떤 행동을 했을 때의 긍정적인 점'을 중심으로 이야기하는 편이 '하지 않았을 때의 부정적인 점'을 들먹이는 것보다 낫다. 또, 상대방의 성의에 보답하기 위해 우리도 노력하겠다는 의사를 밝히면 훨씬 효과적이다.

원하는 바를 주장할 때, 상대방을 존중하는 태도는 우리에게도 유리하다. 뿌린 대로 거둔다는 말이 있지 않은가. 우리가 한 행동은 결국 우리에게 돌아온다. 이웃집의 시끄러운 음악 소리 때문에 매일 밤잠을 설치고 있다면 누구라도 당장 이웃을 찾아가 항의하고 싶을 것이다. 그리고 이웃이 음악 소리를 줄일지는 '권리'나 '당연함'보다는 우리의 의사소통 능력에 달려 있다.

물론 이렇게 원하는 바를 주장해도 상대방은 "이제껏 불평하는 사람은 아무도 없었어요", "지금은 말할 시간이 없어요" 같은 말로 대꾸하며 못 들은 척하기도 한다.

이럴 때는 아래처럼 대응하면 된다.

"글쎄요, 내게는 중요한 문제라서 지금 당장 말해야 합니다."

"제게는 사소한 문제가 아니라서……."

"그러면 언제 대화가 가능한지 구체적인 시간을 말해주세요."

마지막으로 덧붙이고 싶은 말은, 자기주장을 펼칠 때는 단호해야 한다는 것이다. 사과하는 문장으로 시작해서는 안 된다. "귀찮게 해서 죄송한데, 당신의 자동차가 제 발 위에 있네요." 미안하다는 말로 시작하면 사람들은 우리를 겁쟁이 약골이라고 생각한다. 전혀 사과할 필요가 없다. 상대방이 알아야 할 내용만을 분명하게 말하도록 하자.

그리고 불만을 말할 때는 한 번에 한 가지만 이야기하는 편이 가장 좋은 결과를 얻을 수 있다. "돼지처럼 먹지

마. 그만 징징대. 기운 좀 내고. 정신 차려. 제대로 된 일자리를 구해. 집안일 좀 도와!"라고 쏟아내면 듣는 사람은 감당하기 힘들다. 우선 식습관부터 바로잡고 나서, 나머지 문제를 차근차근 해결하는 편이 바람직하다.

거절하는 법을 배웠다면, 때로는 조금 융통성 있게 상대방의 말에 따라보기를 권한다. 바쁜 일정 속에서 약간의 방해는 달콤한 휴식처럼 느껴지기도 한다. 그러니 방해를 받을 수도 있다는 마음의 준비가 되어 있기를 바란다. "아니요. 괜찮습니다"라고 말하기 전에 잠시 생각할 시간을 가지자. 익히 알다시피, 우리의 목표는 조화롭고 균형 잡힌 삶이니 말이다.

한마디로

자신의 주장을 펼칠 때는 객관적 사실만을 이야기하자. 또, 어떻게 느끼고 무엇을 원하는지를 구체적으로 말하자. 우리가 원하는 대로 될 때도 있고 그렇지 않을 때도 있을 것이다. 하지만 두 경우 모두 얻는 것은 있다. 전자의 경우, 우리는 스스로 상황을 통제하고 원하는 것을 얻는 능력을 갖췄음을 입증할 수 있다. 후자의 경우, 비록 원하는 것을 얻지는 못했지만, 속마음을 표현한 덕분에 적어도 기분은 나아진다.

인정 욕구
내려놓기

○

"남들이 여러분을 어떻게 생각하든 신경 쓰지 말자."

예전에 나는 말 그대로 아무에게나 돈을 뿌려댔다. 길을 걷다가도 동냥 그릇이 내 앞에 불쑥 나타나면 별생각 없이 돈을 넣었다. 촌스러운 행주 세 장을 30달러에 구입해달라는 세일즈 전화를 받으면, 흔쾌히 그렇게 했다. 사무실에 잡상인이 들어와 오래된 땅콩을 팔 때도 속으로 "윽!" 하고 질색하면서도 세 봉지나 사주었다.

나중에 스스로 "나는 이런 적선을 뭐 때문에 하는 걸까?"라는 질문을 던져보고는 내게 아무런 생각이 없다는 사실을 깨달았다. 자선단체에 기부하는 일은 훌륭한 행동이라고 할 수 있겠지만, 내 행동은 관대한 마음에서 우러나온 게 아니라는 점이 문제였다. 내가 너그러운 척한 이유는 남들의 이목 때문이었다. 스크루지 같은 구두쇠로 보이고 싶지 않기 때문이었다. 그때의 나는 우리 집에 폭탄을 터뜨리려는 테러 단체에도 기부금을 낼 태세였다. 남들이 나를 착하다고 생각해주기만 한다면!

지나치게 많은 시간을 내 욕구보다 남들의 생각을 신경 쓰며 살았다. 나는 식당에서 마음에 들지 않는 음식을 돌려보낸 적도, 이웃에게 시끄러운 음악을 줄여달라고 부탁한 적도, 상점에 흠 있는 상품을 반품한 적도 없었다. 당시에는 친절함에서 우러나온 행동이라고 생각했지만, 실제로는 비겁함에서 나온 행동이었다. 다들 나와 비슷한 경험이 있을 것이다. 인정받고자 집착했던 경험 말이다.

인정 욕구가 나를 아프게 한다

어린 시절부터 우리는 부모님의 인정을 갈망했다. "저 좀 보세요! 저 똑똑하죠?", "내가 준 선물이 정말 마음에 들어요?", "아빠, 제가 자랑스러우세요?" 등등.

학교에서는 경쟁에서 살아남기 위해 교사의 인정이 필요하다. 선생님이 우리의 행동을 인정해주면 우리는 문제에서 벗어날 수도, 좋은 점수를 받을 수도 있다. 하지만 선생님의 인정을 받지 못하면 학교생활이 힘들어질 수 있다. 그나마 학생인 동안에는 약간의 다름이 허용되지만, 성인이 되면 남들의 인정 여부가 성공과 실패를 가름한다. 청소년 시기에도 우리는 "이렇게 행동해도 괜찮아?" 혹은 "저거 해도 될까?"라고 다른 사람의 허락을 구하는 원칙 아래에서 우리의 행동 여부를 결정한다.

규칙을 따르라는 요구는 많은 곳에서 보인다. 많은 조직과 단체가 회원들을 통제하는 혹독한 규칙을 가지고 있다. "회원들은 다음의 사항이 엄격히 금지되어 있습니다. 첫 번째……." 텔레비전도 "바로 이 체취제거제를 바르세요. '냄새 안녕' 제품으로 입냄새를 상쾌하게 유지하세요. 그렇지 않으면 모든 사람이 당신을 피할 거예요" 같은 광고를 복음인 양 퍼뜨린다.

우리는 성장 과정에서 타인의 인정을 원하도록 철저하게 학습된다. 남들이 우리를 인정하면 우리는 행복하다. 원하는 인정을 받지 못하면 불행하다. 그 결과, 우리의 삶에는 커다란 문제가 생긴다. 우리의 행복이 남에게 달려 있게 된다.

그러므로 내 삶의 주인이 되어 충실하게 살아가고 싶다면, 무엇보다 먼저 인정 욕구를 내려놓아야 한다. 결국 우리는 마음의 평화를 얻을지, 아니면 타인의 이목에 연연할지를 결정해야 한다. 둘 다를 선택할 수는 없다.

사람들의 시선에 신경 쓰던 버릇을 없애기란 쉽지 않다. 하지만 그런 버릇에서 벗어나지 못하면 비극적인 결과를 불러올 수 있다. 종종, 자신을 분별 있다고 생각하는 사람은 '내가 지금의 안정적인 직장을 그만두면 남들이 뭐라고 할까?'라고 걱정하며 싫어하는 직장을 은퇴할 때까지 다닌다. 어머니들은 "평생토록 원했던 일이긴 하지만…… 아이들이 뭐라고 할까요?"라고 뜻밖의 속내를 털어놓는다. 자녀들은 부모를 기쁘게 하려 몇 년 동안 힘들게 대학 공부를 하고는 이렇게 말한다. "나는 전공과 관련된 모든 것이 싫어. 하지만 내가 그만두면, 부모님이 미친 듯이 화를 내겠지"라고.

정말 슬픈 일이다. 왜냐하면 인류의 가장 위대한 경험과 업적은 대부분 안전지대를 벗어나 남들이 하지 않는 일을 함으로써 달성되기 때문이다.

남들의 이목이 신경 쓰이는가? 자신의 마음에 물어보자.

"식당에서 끔찍한 서비스를 받고도 아무 항의도 하지 않았던 때가 있는가?"

"사람들이 내 거절을 어떻게 받아들일지 걱정되어 초대를 수락한 적이 있나?"

"마음이 끌리는 사람을 보고도 데이트 신청을 하지 않은 적이 있는가?"

"내가 원하는 것을 위해서는 언제나 기꺼이 흥정할 준비가 되어 있는가? 아니라면, 그 이유는 무엇인가?"

"영업사원의 눈치를 보느라 원치 않는 물건을 산 적이 있는가?"

"만약 내가 타인의 생각을 신경 쓰지 않는다면 현재의 직장과 집, 주변 사람들을 여전히 선택할까?"

다른 사람들을 늘 만족시킬 수 있는 사람은 없다. 남들이 혹시나 우리를 멍청하다고 생각할까 봐 걱정된다면, 안심해도 좋다. 이미 사람들은 그렇게 생각하고 있으니까 말이다.

물론, 우리의 가족과 친구, 동료는 우리의 애정과 배려를 받을 자격이 있다. 하지만 모든 이를 기쁘게 하려다가는 아무에게도 진실 어린 모습을 보여줄 수 없을 것이다. 특히 자기 자신에게는 더더욱. 이 세상에서 나와 생각이 똑같은 사람은 거의 없다는 사실을 이해하고 받아들여야만 마음의 평화를 얻을 수 있다.

　　네 살짜리 아이라면 주변 사람들을 기쁘게 하는 일이 중요할지 모른다. 그들이 나를 좋아해야 내가 원하는 것을 줄 가능성이 높으니까 말이다. 하지만 이제는 상황이 다르다. 마흔다섯 살이라면 어엿한 어른이 되어야 한다. 이제는 자신의 욕구에 솔직해야만 원하는 것을 얻을 수 있다. 여전히 타인의 기분을 맞추려고 노력하는 한, 우리의 일부분은 영원히 네 살인 것이다.

한마디로

사람들에 대한 존중도 중요하지만 스스로에게 진실한 태도가 더 중요하다. 나의 생각이나 생활 방식을 누군가가 좋아하지 않더라도, 그건 나의 문제가 아니라 그 사람의 문제일 뿐이다.

자기 행동을
일일이 설명하지 마라

○

"위대한 삶은 오해 받기 쉽다."

— 에머슨Emerson, 미국의 철학자이자 시인

자주 자신의 행동을 정당화하는가? 늘 사람들에게 자신이 왜 그렇게 행동했는지를 설명하는가?

자신감 있고 독립적인 사람들에게는 공통점이 있다. 그들은 자신들의 삶을 변명하며 살지 않는다. 그들은 그저 해야 할 일을 묵묵히 한다.

물론, 어린 시절에는 이렇게 하기가 쉽지 않다. 항상 부모님과 선생님에게 변명을 늘어놓으며 말썽을 일으키지 않거나 매를 맞지 않으려고 노력한다. 하지만 행복한 어른이 되려면 좀 더 독립적으로 생각하고 행동해야 한다. 가족과 친구, 이웃에게 우리 삶의 모든 선택과 행동을 설명할 필요가 없다는 사실을 편안하게 받아들여야 한다.

물론, 가끔은 상사에게 이유를 설명하거나 배우자에게 해명해야 할 때도 있다. 월급을 주는 사람에게는 우리가 무엇을 하는지와 왜 하는지를 알 권리가 있기 때문이다. 또, 인생의 동반자와 가까운 관계를 형성하고 싶다면, 자주 자신의 의견이나 생각을 공유할 필요가 있다. 하지만 적당함을 넘어서서 마치 증인석에 앉아 있는 양 낱낱이 고해바치며 인생을 살아갈 필요는 없다. 여기서 나는 개인적 신념, 즉 남의 일이 아니라 자기 일을 결정하는 것에 관해 이야기하고 싶다. 어떤 사람들은 자기들과는 상관 없는 일에 대해서도 꼬치꼬치 캐묻는 습관이 있다.

이웃이 "왜 집을 팔려고 하세요?"라고 물으면, 부동산 시장 동향과 개인적인 재정 상태에 대해 상세히 설명하지 말고 "그냥 팔고 싶어서요"라고 간단히 대답하는 편이 낫다.

비밀스럽게 굴라는 말이 아니다. 다만, 질문을 한 상대방에게 대답을 들을 권리가 있다거나 그들이 만족할 때까지 설명해줄 필요는 없다는 점을 깨닫기 바란다.

근처 자동차 영업사원이 전시장을 한번 방문하라고 초대할 때도 이유를 대지 않고 거절할 수 있다. "최신 모델을 보러 오세요. 깜짝 놀라실 겁니다"라는 영업사원의 말에 "아니요, 괜찮습니다"라고 대답한다고 가정해보자.

"왜 못 오십니까?"

"다른 일이 있어서요. 전화해줘서 고맙습니다."

"예, 그렇지만 이번에 새로 나온 차는 정말 굉장한데요. 왜 안 보시겠다는 겁니까?"

"생각해주셔서 감사합니다. 그렇지만 괜찮습니다"라고 말하며 대화를 끝내자.

상대방이 상관할 일이 아닌데도 군이 이유를 들어 설명을 늘어놓고 있지는 않은지 찬찬히 생각해보길 바란다. 사람들은 물어볼 수 있다. 질문 자체는 잘못이 아니다. 하지만 우리가 모든 질문에 대답할 의무는 없다. 상황의 주인이 되어 대답하고 싶은 질문에만 대답하면 된다.

친척이 "왜 직장을 그만뒀어?"라고 캐물으면, 미소를 지으며 "그러고 싶어서요"라고 대답하자.

이웃이 "왜 일주일에 여섯 번이나 운동하러 가세요?"라고 물으면, "그러면 기분이 좋거든요"라고 대답하자.

누군가 "달팽이 구하기 재단에 기부해주시겠어요?"라고 요청하면, "아니요"라고 답하자. "오늘은 돈이 없어서요"라든가, "지난주에 달팽이들에게 케이크 하나 구워줬어요"라고 하지 말고, 그냥 "싫어요"라고만 하면 된다. 구차한 설명은 필요 없다.

하지만 때로는 설명을 요구하는 사람들이 나타난다. "그렇지만 나는 이해가 안 돼요!"라고 말하는 사람들. 그러면 "그럴 수도 있지요"라고 말하면 된다.

"하지만 정말 이해가 안 돼요!"라고 상대방이 항변하면, "이해하실 필요 없어요"라고 다시 대답하면 된다.

이때 상대방이 화를 내며 어떻게 그럴 수 있는지, 자신은 이해가 되지 않는다며 설명해 달라고 요구할 수도 있다. "하지만 어째서죠? 어떻게 그러실 수 있어요?" 그때도 "그러고 싶었어요"라고 간단하게 대답하면 된다.

갑자기 로즈 고모가 함께 커피를 마시자고 요청한다. 그래서 우리는 "감사하지만 지금 해야 하는 집안일이 너무 많아서……"라고 대답한다.

"네 동생은 온다더구나."

"그렇군요. 동생 말로는 고모 쿠키가 끝내준다더라고요."

"그런데 너는 안 온다고?"

"로즈 고모, 이번에는 안 될 것 같아요."

"잠깐도 못 오니?"

"고모, 초대는 정말 감사하지만 다음에 봬요."

가족이나 친척, 친구들의 전화는 적어도 우리를 보고 싶은 마음에서 우러나온 행동이라는 사실을 꼭 기억해야 한다. 이들은 우리를 위해, 혹은 우리와 함께 무언가를 하고 싶어 하는 사람들이다. 우리를 마음속으로 아끼는 사람들이다. 그러니 성가신 상황으로 여기지 말고, 중고차 영업사원을 대할 때보다 더 친절하게 굴어야 한다.

친구를 만들고 싶은 상황에서 직접적인 거절은 때때로 거북하거나 심지어는 무례하게 들릴 수 있다. 이럴 때는 상상력을 이용해 다양한 표현으로 거절의 의도를 전달하는 편이 좋다. 꼬치꼬치 사생활을 캐묻는 질문에 "우리 시어머니/내 자동차/내 직업/내 재산/배우자에 대해서는 격

정하지 마세요. 어머, 저 꽃들 좀 보세요. 정말 예쁘지 않아
요?"라고 대답하면, 상대방은 보통 말뜻을 알아듣는다.

이 외에도 굳이 대답할 필요가 없는 질문은 아래와
같다.

"왜 시어머니를 보러 가지 않나요?"

"왜 그렇게 돈을 절약하세요? 돈은 쓰라고 있는 거예요."

"왜 그렇게 돈을 낭비하세요? 앞으로 어려울 때도 생각해야죠."

"왜 척과 데이트하지 않나요?"

"왜 새 차를 사지 않나요?"

"왜 자꾸 차를 바꾸세요?"

"왜 저걸 샀어요?"

"데이지랑 결혼하지 않은 걸 후회해요?"

"왜 그런 남자랑 데이트해?"

"하는 일이 그게 다야?"

나만의 시간을 가지고 자유롭게 원하는 삶을 살기를
바란다면, 자신의 개인적인 삶과 사회적 활동에 대해 모
든 사람이 만족할 수 있게 설명할 필요는 없다는 사실을

기억해야 한다. 사람들에게 무례하게 굴라는 말이 아니라, 자기 삶의 주인이 되라는 말이다.

즉, 인생의 모든 선택에 대해 항상 이유를 붙일 필요는 없다. 어떤 것이 좋게 느껴진다면, 그것으로 충분하다. 목욕물에 몸을 담그거나, 샤워하며 노래를 부른다거나, 하루 종일 침대에서 뒹굴뒹굴하는 행동처럼 단지 기분이 좋아서 하는 행동들도 있기 마련이다. 혹은 예전에 경험해 보지 못한 것이라는 점도 충분한 동기가 된다. 우리는 무엇이든 선택할 자유가 있다.

한마디로

인생의 모든 일을 스스로 선택하고 결정하자. 타인을 존중해야 하지만, 스스로에게 정직한 것이 더 중요하다. 또, 자신의 행동이나 선택을 설명하는 이유는 상대방의 허락이나 인정이 필요해서가 아니라 자기 생각을 상대방과 공유하고 싶기 때문이어야 한다. 인생의 선택에 있어 자신이 허락하면 충분하다. 타인의 허락은 필요하지 않다.

거절을 잘하는 사람이
행복하다

。

    때로는 거절하기가 어려운가? 우리가 얼마나 자주 내키지 않는 저녁 식사 초대를 떠밀리듯 승낙하거나 시시한 정기구독이나 불편한 위원회에 가입했는지를 생각해보자. 또, 원치 않게 돈을 빌려준 적은 얼마나 되는가? 전부 "싫어요!"라고 말하지 못했기 때문이다.

    우리의 정신 건강과 행복을 위해서라도 우리는 필요할 때 죄책감 없이 "싫어요!"라고 말할 수 있어야 한다. "싫어요"라고 하고 싶은데 "좋아요"라고 말하게 되면, 분노와 우울증, 원망이라는 감정이 우리를 덮친다. 우리가 상황을 통제한다는 믿음의 정도가 우리의 행복 지수를 결정한다. 그리고 많은 경우, 행복 지수는 "싫다"고 말하는 행동에 따라 달라진다. (물론, 다른 사람이 우리에게 "싫다"고 말하는 상황도 받아들일 수 있어야 한다.)

죄책감을 조장하는 사람들

'거절'이 어려운 이유는 무엇일까? 이따금 우리는 자기주장이 너무 강하면 사람들이 우리를 싫어할까 봐 겁낸다. 또, 가끔은 (사람들의 부추김에 힘입은) 죄책감에 사로잡히도록 자신을 내버려둔다. 사람들은 우리가 죄책감을 털어버리려 온갖 일을 하리라는 사실을 잘 알고 있다.

사람들이 우리에게 죄책감을 심어주는 몇 가지 간단한 사례를 살펴보자.

어머니는 "오전 내내 몸이 안 좋구나. 지금 하는 일을 멈추고 나를 위해 슈퍼마켓에 가주지 않으련?" 하고 말씀하신다. (속뜻: 나는 아프니까 내가 원하는 것을 해주지 않는 사람은 배려가 없는 사람이다.)

남자 친구는 "나를 정말 사랑한다면, 나와 잠자리를 해야지"라고 말한다. (속뜻: 내가 원하는 걸 들어주지 않는 이유는 전부 나를 상처 입히려는 심산이다. 그러니 여자 친구가 죄책감을 느꼈으면 좋겠다.)

상사는 말한다. "나는 오늘 밤 10시까지 야근할 거야. 자네도 늦게까지 남아주면 좋겠네." (속뜻: 나는 오늘 죽어라 일하기로 마음먹었으니, 자네도 그러는 게 좋을 거야.)

오랜 친구는 말한다. "한잔하러 나와야지. 뭐니 뭐니 해도, 오랜 친구라면 말이야." (속뜻: 내가 원하는 대로 해주지 않으면, 좋은 친구가 아니다.)

또, 자동차 정비공은 이렇게 말한다. "우리는 밤낮으로 이 차를 정비했습니다. 최선을 다했어요. 더 이상은 못 합니다." (속뜻: 무리한 요구는 그만두세요. 우리가 이 고물을 고쳐줄 거라는 기대도 마세요. 빨리 수리비로 2,000달러를 내고 견인해 가세요.)

예로 든 모든 경우에서 상대방은 우리가 '해야 할' 일이 무엇인지 직접적으로 말하거나 암시한다. 그들이 도덕적으로 무엇이 옳은지를 판단한다. "좋은 사람은 나를 위해 쇼핑하고, 나와 잠자리를 함께 하며, 주말에 나를 만나주고, 차를 부췄다고 불평하지 않는 사람이다."

스스로 판단하기

타인이 유발하는 죄책감에서 벗어날 수 있는 유일한 방법은 스스로 상황을 판단하는 것이다. 옳고 그름에 대한 상대방의 관점을 거부해야 한다. 스스로 결정을 내린 다음, 목소리를 낼 준비를 하자.

이를테면, 어머니에게는 "엄마, 잠시만 있다가 쇼핑하면 안 될까요? 지금 중요한 일을 하는 중이에요"라고 말하자. 남자 친구에게는 "내가 너랑 잠자리를 해야 한다는 네 생각은 알겠어. 하지만 내 생각에는……"이라고 말하며, 자기 생각을 똑똑히 전달하자.

물론, 매우 끈질기게 졸라대는 사람들도 존재한다.

"싫어."

"왜 싫어?"

"하고 싶지 않아."

"왜 안 하고 싶은데?"

"다른 할 일이 있어."

"우리 우정은 어쩌고?"

"이건 우리 우정과는 관계없는 일이야."

상대방이 불평한다. "나 따위는 신경 쓰지 않겠다는 말이구나."

결국 항복한다. "알았어. 할게."

(죄책감 조작이 또 한 번 먹혀든다.)

많은 영업사원은 이런 심리적 조종에 대해 알고 있다. 이제, 어떤 영업사원이 대문을 두드리고 대화를 시도하는 아래의 경우를 생각해보자.

"시간 있으세요?"

"왜 그러시죠?""

"설문조사 중인데, 좀 도와주셨으면 해서요."

"무슨 설문조사인가요?"

"교육에 관한 설문조사입니다."

"뭐 팔려고 그러시는 건 아니죠, 그렇죠?"

"그런 건 아닙니다."

"그럼 거기 왼팔 아래 A부터 Z까지 적힌 26권의 책은 뭔가요?"

"오, 그냥 책이죠, 뭐."

"수상쩍게도 저한테는 백과사전처럼 보이는데요."

"맞습니다."

"저는 백과사전을 살 생각이 없으니, 그만 가주세요."

"좋습니다. 그전에 질문 하나만 해도 될까요?"

"음······. 좋아요."

"자녀가 있으십니까?"

"네, 두 명 있어요."

"자녀 교육에 관심이 있으신가요?"

"어······. 물론이죠." (벌써, 우리는 질문 두 개에 답을 했다.)

"자녀분이 선생님은 누리지 못했던 혜택을 누리는 모습을 보고 싶지 않으세요?"

"보고 싶죠."

"자녀들이 인생에서 성공하기를 바라시나요?"

"네."

"그러면 선생님은 당연히 자녀들의 교육에 도움이 되고 싶으시겠죠?"

"어······. 그렇긴 하지만······."

"자녀분을 정말 사랑하시죠, 그렇죠?" (속뜻: 어린 자녀들을 진정으로 사랑하고 있다면, 당신은 평생 모은 돈을 내 백과사전을 사는 데 써야 합니다.)

15분 후.

"후회하지 않으실 겁니다. 고객님은 이제 26권짜리 '우주 백과사전' 세트의 당당한 소유자가 되셨습니다. 게다가 마침 제 왼팔 아래 한 세트가 있어서 바로 받으실 수 있습니다. 운도 좋으시지!"

효과적인 거절법; 고장 난 레코드 기술

이제 우리는 원치 않던 2,000달러어치의 책을 눈앞에 두고는 도대체 왜 이런 일이 일어났는지 괴로워하며 머리를 쥐어뜯을 것이다. 상황을 원하는 대로 이끌고 싶다면, 상대방보다 더 끈질긴 고집이 있어야 한다. 상대방이 4번 물어본다면, 5번 거절할 준비를 하자. 10번 물어보면? 11번 거절한다.

이를 위해서는 고장 난 레코드처럼 구는 방법이 최고다. 이 방법의 가장 큰 장점은 말주변이 없거나 논리가 부족해도 효과적으로 사용할 수 있다는 점이다. 한 가지 원칙만 지키면 된다. 하고 싶은 말만 하고 다른 말은 아예 꺼내지도 마라. 상대방에게 조종당해 나도 모르게 대답해서는 안 된다. 그냥 하고 싶은 말만 기계적으로 되풀이하자.

다음은 백과사전 영업사원에게 '고장 난 레코드 기술'
을 사용한 경우이다.

"물건 파시려는 거 아니죠?"

"꼭 그런 건 아닙니다."

"백과사전 팔러 오신 거 아니에요?"

"음…… 네."

"저는 사고 싶지 않으니까, 이제 그만 가주세요."

"질문 하나만 해도 될까요?"

"저는 아무 백과사전도 사고 싶지 않아요."

"세상일에 관심이 많은 사람처럼 보이시는데 말이죠."

"그런 사람처럼 보이겠지만, 저는 아무 백과사전도 사
고 싶지 않아요."

"자녀가 있으신가요?"

"저는 아무 백과사전도 사고 싶지 않아요."

"하지만 저희 회사 백과사전을 보지도 않고 어떻게 거
절하실 수 있나요? 정말 싸게 나왔습니다."

"물론 그렇겠죠. 하지만 저는 아무 백과사전도 사고 싶
지 않아요."

"저희 백과사전은 지금 시중에 나와 있는 백과사전 중에서 최고의 상품입니다. 2분만 제 이야기를 들어주시면……."

"물론 최고의 상품이겠지요. 그런데 이미 2분이 지난 것 같은데요. 저는 아무 백과사전도 사고 싶지 않아요."

"제가 이번 주에 참 힘들었거든요."

"그건 안됐지만, 저는 아무 백과사전도 사고 싶지 않아요."

"점심때까지 한 세트도 못 팔면, 상사가 나를 죽일지도 모릅니다."

"그럴지도 모르죠. 그래도 저는 아무 백과사전도 사고 싶지 않아요."

"제 자식 일곱 명이 굶어 죽게 생겼는데도 전혀 신경 쓰지 않는다는 말씀이군요!"

"네, 조금도 신경 쓰이지 않네요. 저는 아무 백과사전도 사고 싶지 않아요."

어쩌면 면전에서 문을 꽝 닫는 방법으로 방문 영업사원을 물리치는 게 낫다고 생각할지도 모르겠다. 하지만 내가 여기서 소개한 이 기술은 사람들이 우리를 조종하려고 하는 여러 상황에서 유용한 방법이다. 그러니 이 기술을 갈고닦아 보길 바란다. 현관문을 꽝 닫는 것만으로는 벗어날 수 없을 때 도움이 될 것이다.

고장 난 레코드 전략을 사용할 때는 다음의 사항을 명심해야 한다.

× 너무 흥분해서는 안 된다. 차분한 목소리와 침착하고 권위적인 태도를 유지해야 한다.

× 우리의 목표는 상대방의 화를 돋우는 것이 아니다. 서로 거친 말을 주고받고 싶지 않다면, 상관없는 점에 대해서는 상대방의 말에 동의하도록 하자. "물론 싸게 나왔겠지요. 하지만 나는 아무 백과사전도 사고 싶지 않아요."

× 같은 문장을 반복해야 한다. 내 주장을 내세울 때마다 정확히 같은 말을 사용하면 훨씬 더 강력한 효과가 있다.

× 끈기 있게 계속해야 한다. 고장 난 레코드 같은 전략을 알면, 상황을 게임처럼 즐길 수 있다. 심지어 이 게임은 우리의 승리까지 약속되어 있다.

고장 난 레코드 전략이 적절하지 않은 상황에서는 한 두 개의 날카로운 질문을 통해 상대방에게 우리가 만만치 않은 사람이라는 사실을 알려줄 수 있다.

아는 사람이 우리에게 "괜찮은 친구라면 내게 1,000달러 정도는 쉽게 빌려줄 거야"라고 말하는 상황이다.

먼저, 질문을 던지자.

"왜 친구라면 그 돈을 꼭 빌려줘야 한다고 생각해?"

"내가 필요하니까."

이때, 두 번째 질문이 필요하다.

"그렇구나. 그럼, 내가 너에게 돈을 빌려주지 못하면, 나는 친구가 아니라는 말이야?"

"음……. 그런 말은 아니야."

"그냥 확실히 하고 싶었어. 나는 네 친구지만, 지금 당장은 돈을 빌려줄 여유가 없거든."

이번에는 아내가 "당신이 나를 신경 쓴다면, 나를 내버려두고 축구하느라 온 주말을 보내지는 않을 거야"라고 말한다.

질문을 하자.

"내가 축구하러 가는 것이 왜 싫어?"

"당신이 축구하러 가버리면, 나는 당신이랑 놀 수가 없잖아."

"나랑 놀고 싶어?"(두 번째 질문.)

"그럼. 놀고 싶지."

"우리가 여전히 서로와 놀고 싶어 하는 게 참 좋지 않아?"(세 번째 질문.)

"그렇긴 해."

"난 주말에는 축구하러 가고 싶거든. 그러니 주중에 함께 할 뭔가를 계획 세우자. 어때?"(마지막 질문.)

"좋아."

고장 난 레코드와 질문하기 전략이 도움이 되는 첫 번째 이유는 이전에는 긴장하거나 통제할 수 없다고 느꼈던 상황에서 벗어나 더 큰 자신감을 얻을 수 있기 때문이다. 거절의 뜻을 성공적으로 상대방에게 전하려면, 상대방과는 다른 견해를 지녔음을 확실히 인지하고 거기에 대해 죄책감을 느끼지 않아야 한다.

죄책감을 조장해 우리 행동에 영향을 미치려는 사람들도 소수 존재하지만 대다수는 그렇지 않다. 대개는 그냥 뭔가를 요청하는 것뿐이기에, 우리는 편안하게 우리가 원하는 바를 내세우면 된다.

자기주장과 이기적인 주장 사이에 뚜렷한 선을 긋기란 쉽지 않다. 그래서 자기주장을 하고 있다고 생각했는데 상대방에게서 "당신은 이기적이야!"라는 말을 들을 때도 종종 있을 것이다.

한마디로

스스로 옳고 그름을 판단해야 한다. 타인의 생각을 기준으로 삼아, 짧게는 몇 주, 길게는 몇 년 동안이나 죄책감에 빠져들도록 자신을 내버려두어서는 안 된다. 특히 가족에게도 "싫다"고 말할 수 있어야 한다. 죄책감 없이 거절할 수 있게 되면, 자기 삶의 주인이 될 수 있다. 그러면 자기 자신뿐만 아니라 다른 사람들과도 더 사이좋고 행복한 삶을 영위할 수 있다.

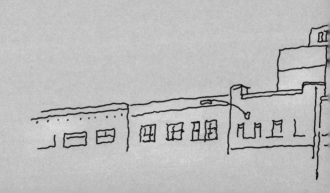

4장

만날수록
호감이 되는 비법

사람들은 타인의 강함을 좋아하고 타인의 존중을 기대한다.

하지만 혼자만의 시간도 원한다.

사람들은
늘 칭찬에 목마르다

。

자기가 중요한 사람이라는 느낌을 싫어한다는 사람은 거짓말쟁이다. 거의 모든 사람이 타인의 인정과 칭찬에 목말라 있다. 칭찬을 향한 욕망은 식욕처럼 자연스러운 욕구이며, 마찬가지로 충족되었다고 해서 그 만족감이 오래도록 지속되지도 않는다. 직장인 대상의 한 설문조사에 따르면 사람들이 원하는 것의 목록에서 '돈'이 가장 낮은 순위에 있는 것으로 나타난다. '회사로부터의 인정'과 '성과에 대한 칭찬', '사회 공헌'이 현금 보상보다 항상 높은 순위를 차지한다.

부유하고 유명한 사람들도 항상 외모와 업적에 대한 칭찬을 듣고 싶어 한다. 영화배우, 스포츠 스타, 거물 사업가들의 인터뷰를 보면, 이들 또한 보통 사람만큼이나 진심 어린 칭찬을 흔쾌히 즐긴다는 사실을 알 수 있다.

스스로에게 "나는 원하는 만큼 아름답고 영리하며 재능 있고 유능하며 사랑스럽고 멋지다는 말을 자주 듣는가?"하고 물어보자. 아마도 대답은 "아니다"일 것이다. 그렇지 않은가? 이 세상 모든 사람이 아마 같은 처지일 것이다. 누구도 만족할 만큼 충분히 칭찬받지 못한다.

아마 여러분은 내가 여기서 하고 싶은 말을 짐작할 수 있을 것이다. 좋은 인상을 주고 싶은 사람이 있다면, 칭찬을 해라! 아첨꾼이 되라는 말은 아니다. 즉, 속마음과는 다르거나 명백하게 거짓인 칭찬을 장황하게 늘어놓아서는 안 된다. 그저 상대방의 장점을 찾아내 언급하면 된다. 상대방은 그 말을 마음 깊이 간직할 것이다.

한번은 내 친구 피터가 정비소에 자동차를 맡길 때였다. 그는 정비소에 차를 세우고는 사장을 만나고 싶다고 고집스레 요구했다. 당연히 사장은 뭐가 잘못되었는지 궁금해하며 나왔다. 그러자 피터가 사장에게 "지금까지 본

정비소 중 가장 아름다운 정비소라고 말씀드리고 싶어서 직접 뵙고 싶었습니다. 너무 깨끗하고 정돈도 잘되어 있네요. 여기를 와서 참 기쁩니다. 전부 사장님의 수고 덕분이겠지요"라고 말했다.

정비소 사장은 크게 감동했다. 20년 동안 온 정성을 다해 정비소를 관리해왔지만, 지금까지 칭찬해준 사람이 아무도 없었기 때문이다.

때로는 칭찬을 들은 상대방이 무척 어색해하거나 부끄러워할 수도 있다. 하지만 확신컨대 그들도 속으로는 기뻐서 어쩔 줄 모를 것이다. 나는 너무나 많은 아름다운 여성이 칭찬을 거의 받지 못한다는 현실에 놀랐다. 내가 "얼굴이 정말 아름다우시네요"라든가, "눈이 사랑스럽다는 말을 많이 듣지 않나요?"라고 물으면, 많은 여성이 믿지 못하겠다는 얼굴로 나를 바라본다. 주변 사람들이 이 여성들은 자기가 예쁘다는 사실을 잘 알 거라고 여기고, 아무도 그들에게 외모에 대한 칭찬을 하지 않았기 때문이다.

칭찬이 늘 효과적인 이유

많은 사람이 겉으로는 매우 자신감 있고, 자기 확신에

차 있으며, 스스로에게 만족하는 듯 보인다. 하지만 실제로 성공하고 잘생긴 인상적인 사람과 이야기를 나눠보면, 그 사람은 자신을 그렇게 여기지 않는다는 사실을 알 수 있다. 그도 때로는 겁에 질리고 종종 걱정에 빠지며 가끔은 엉망진창이 되는 자신의 연약한 자아와 싸우고 있다. 그도 언제나 자기 내면의 자아가 불만스럽게 속삭이는 말을 듣는다. 늘 부족하다고, "파란 눈을 지녔으면, 키가 한 뼘 더 컸으면, 살면서 그렇게 많은 실수를 하지 않았더라면" 하고.

그래서 "정말 성공하셨군요. 당신이 이룬 업적이 매우 자랑스러우시겠어요" 같은 당연한 말에도 그는 처음 듣는 양 기분이 좋아지며 마음이 들썩인다.

칭찬을 하는 또 다른 좋은 방법은 간접 칭찬이다. 간접 칭찬이란 그 사람에 대해 전해 들은 좋은 점을 말해주는 행위를 의미한다. 친구나 친척이 자신에 대해 좋게 말했다는 사실을 알고 기뻐하지 않을 사람은 없다.

또, 간접 칭찬은 상업적인 서비스를 처음 이용할 때도 효과적이다. 의사나 인쇄업자, 정비사, 정원사 등의 서비스가 필요한 경우, 보통 우리는 친구에게 추천할 사람이 있는지 물어본다.

그래서 누군가를 추천받은 경우, 좋은 인상을 주고 우수한 서비스를 보장받는 가장 좋은 방법은 훌륭한 후기를 들었다고 말하는 것이다.

"밥이 그러는데, 당신이 우리 동네 최고의 정비사라고 하더군요."

"제 상사가 당신이 누구보다 이 기계들에 대해 많이 알고 있다고 하더라고요."

"어머니 말로는 자네가 이 나라 최고의 의사라는군."

그러면 그들은 먼저 그런 인정을 받았다는 사실에 기뻐하고, 다음으로는 그 명성에 부응하고 싶은 마음이 들 것이다.

곰돌이 선생님의 비밀

내가 다녔던 초·중등학교에는 '에드워드 게어'라는 교감 선생님이 계셨다. 그는 키가 152센티미터 정도의 작달막한 남자로, 둥글둥글한 몸매에 얼굴도 붉고 동그랬다. 그래서 모두가 그를 '곰돌이 선생님'이라고 불렀다.

선생님은 중학교 1학년 학생들을 가르쳤는데, 선생님

반의 학생들에게는 이상한 일이 벌어지고는 했다. 모든 아이가 열심히 공부하기 시작하는 것이다. 정말로 열심히! 열한 살짜리 아이들이 저녁마다 네다섯 시간씩 공부에 시간을 쏟았다. 그냥 공부가 하고 싶어서!

나는 일 년 동안 곰돌이 선생님의 학생으로 있으며, 선생님이 어떻게 그런 놀라운 마법을 부렸는지 알게 되었다. 하지만 곰돌이 선생님께 배우지 않는 사람들은 선생님이 진짜 마법을 쓴다고 생각했다.

수업 시간이 재미있지도, 선생님 자체가 유머가 넘치지도 않았다. 특별히 가르치는 과목에 대해 박학하지도 않았다. 하지만 곰돌이 선생님은 학생들을 칭찬하고 격려하며 보살피는 방법을 누구보다 잘 알고 있었다.

선생님은 우리에게 노력이나 훌륭한 숙제에 대한 대가로 자그마한 상장과 금별 스티커를 주거나 칭찬 도장을 찍어주었다. 또, 우리에게 시간을 할애해, 숙제로 낸 에세이에 그냥 'A'나 'B'를 휘갈기는 대신, 마지막 장에 직접 '긴 감상문'을 써서 잘 쓴 부분과 고쳐야 할 부분을 알려주었다.

곰돌이 선생님과 일 년을 함께 보낸 아이들은 처음으

로 진정한 칭찬이 어떤 것인지를 알게 되었다. 반의 모든 학생이 선생님께 감동했다. 심지어는 가장 거칠고 불량한 학생마저도.

내 동생 크리스토퍼가 곰돌이 선생님의 반이 되더라도 절대 열심히 하지 않을 거라고 당당히 내뱉던 모습이 아직도 기억난다. 동생은 가족 앞에서 "곰돌이 선생님 따위에게 굴복하지 않을 거예요. 절대로!"라고 큰소리쳤다. 하지만 운명처럼 크리스토퍼는 곰돌이 선생님의 반이 되었고, 동생은 곧 저녁마다 네 시간씩 숙제에 매달렸다. 학년말에는 학교 역사상 그 어떤 학생보다 많은 상장을 받았다.

곰돌이 선생님이 이룬 결실을 보면, 칭찬의 힘을 잘 알수 있다. 이런 결과는 선생님이 학생들을 진정으로 아꼈기에, 그래서 항상 학생들의 좋은 점을 찾아낸 덕분이었다.

한마디로
°
사람들은 타인의 인정에 목말라 있다. 우리가 상대방의 장점을 찾아 칭찬을 해주면, 상대방은 날아갈 듯 기분이 좋아질 것이다. 더 나아가, 우리의 기분도 좋아진다.

좋은 대화를 위한
모든 것

○

    모든 사람이 나를 좋아하도록 노력할 필요는 없다. 하지만 파티나 저녁 식사, 직장, 학교, 혹은 동네 슈퍼마켓에서 끊임없이 사람들과 만나며 살아가야 하는 만큼, 사람들과 편안하게 대화를 나누는 방법을 배울 필요는 있다.

    사람들은 상대방이 자신과 비슷하다고 느낄 때, 즉 공통점을 발견했을 때 상대방을 편안하게 받아들인다. 서로 공감하며, 상대방이 자신을 이해한다고 느낄 때, 또 상대방의 인간적인 면을 엿보았을 때, 사람들은 그 사람과의 대화를 즐긴다.

우리는 전문 강연자를 관찰함으로써 말하기에 대해 많은 것을 배울 수 있다. 먼저, 여러분이 기억하는 최악의 강연자를 떠올려보고, 그 사람의 어떤 점 때문에 청중이 지루해했는지를 생각해보자.

따분 씨가 군중에게 연설을 시작하며 "이 자리에 서게 되어 매우 기쁩니다……"라고 말한다. (우리는 '오, 이런! 맨날 듣는 말이네' 하고 생각한다.)

"사람들 앞에서 연설하는 게 익숙하지는 않지만, 저는 어…… 음…… 여러분을 지루하게 하지 않으려 노력하겠습니다." (심지어 이 사람은 자기가 따분하다고 인정하기까지 한다.)

"저의 오랜 경력을 돌이켜보면……." (이제 그는 자기 자신에 대해 늘어놓기 시작한다.)

"저는 1923년에 태어나……." (아, 안 돼! 설마 긴 인생 이야기를 전부 다 들어야 한다니!)

"우리 가족은 그 당시에……." (심지어 가족사까지!)

한 시간 뒤, "나는 남은 시간이 거의 없다는 것을 알았습니다……." (하느님, 제발!)

"……그러니, 지금부터 30분 동안……." (으악! 누가 좀 도와줘요! 총으로 쏴버릴까?)

"······이제 나에 대해 이야기하자면······." (더 이상 견딜 수 없어! 나는 나갈 거야.)

이런 인사들은 우리를 죽을 만큼 지루하게 만든다. 그들은 우리와 교감하지 않으며 자기 자신에 대해서만 떠들어댄다. 그렇다고 자신을 풍자하지도 않는다. 자신의 이미지에 대해 지나치게 걱정하느라 솔직하고 개성 있는 이야기를 하지 못한다.

훌륭한 연설을 하는 사람은 정확히 이와 정반대로 행동한다. 그들은 공통의 관심사와 경험, 두려움을 예로 들며 청중과 교감한다. 이들은 자의식에 빠져 자기 이미지를 걱정할 시간이 없다. 세상과 사물의 재미있는 측면을 관찰하기에도 너무 바쁘기 때문이다.

말하는 상대가 한 명이든 천 명이든 마찬가지다. 똑똑하다거나 재치 있다는 인상을 주려 애쓰지 않아도 된다. 상대방과의 공통점을 찾고 상대방을 배려하며 인간적으로 대하면, 거의 모든 사람과 편안하게 이야기를 나눌 수 있게 된다.

호감인 사람들은 공통점을 찾는다

사람들은 늘 상대방이 자신과 비슷한 부류인지를 알고 싶어 한다. 그러므로 우리는 적극적으로 상대와의 공통점을 찾아내야 한다.

반대로, 비호감인 사람들은 언제나 차이점을 찾아내려 애쓴다. 그들은 대화를 통해 "내가 너보다 더 부유하고 성공했어. 또, 너보다 더 흥미로운 사람이야. 내 차는 네 고물차랑 비교도 안 될 정도로 좋은 차야. 너와 관련된 이야기는 조금도 하고 싶지 않아. 어쨌든, 나는 네 의견에는 전부 반대할 거야 등등" 같은 메시지를 전달하려고 바동댄다.

이런 사람들과의 대화는 다음처럼 흐른다.

"연어 페이스트의 맛이 훌륭해요"라고 말하면 그들은 "난 연어를 먹으면 두드러기가 나요"라고 답한다. 또, "이번 여름에 프랑스에 가려고요"라고 말하면 그들은 "내 개가 프랑스에서 죽었지요"라고 대꾸한다. 다시, "이번 주말에는 스키 타러 갈 거예요"라고 말하면 그들은 "지난번에 스키 타다가 다리가 부러졌어요"라고 받아친다. 우리는 자리를 떠나며 '누가 저런 인간과 대화하고 싶겠어?' 하고 생각한다.

대화 상대와 공통점을 찾는 기술도 여타 다른 기술처럼 개발이 가능하다. 대개는 쉽고 관심 있는 화제를 찾는 데서 시작한다. 먼저 자신과 관련된 사항을 알려주며 공통의 관심사를 알아내기 위해 상대방에게 충분한 관심을 기울이면 된다.

배려에는 관심과 집중이 필요하다

최근에 상대방이 대화에 별로 관심 없다는 인상을 받았던 적이 있다면, 그때의 기억을 떠올려보자. 아마 당시의 짜증 났던 기분도 같이 생각날 것이다. 하지만 우리도 상대방에게 그다지 관심을 기울이지 않았다는 사실을 상기할 필요가 있다.

상대방의 관심을 얻으려면 우리 또한 상대에게 관심을 보여줘야 한다. 상대방에게 진정으로 관심이 있을 때는 대화를 계속 이어나가기가 어렵지 않다. 우리가 상대에게 주의를 쏟으면 우리 자신에 대해서는 잊어버리게 되니까. "다음에는 무슨 말을 하지?" 따위의 고민은 하지 않는다. 대화 사이의 길고 불편한 침묵도 없고, 서로가 주변을 한

번 둘러보고 시계를 확인한 후 날씨가 아주 좋다고 다시 한번 동의하는 일 따위는 일어나지 않는다. 배려란 상대방의 입장에서 생각하는 것을 의미한다. 즉, 우리 자신의 경험은 젖혀두고 "당신의 이야기를 들려주세요"하며 경청하는 행동이다.

상대방을 배려하고 싶은 마음이 들지 않는다면, 차라리 그 자리를 떠나는 편이 낫다. 함께 있고 싶지 않은 사람들과 형식적인 만남을 하느니, 정말로 만나고 싶은 사람들을 찾아가길 바란다. 아니면 그 시간에 목욕이나 독서를 즐겨라. 그럼에도, 대화를 나누기로 선택했다면, 탐탁지 않은 상대방에게라도 온전히 집중하는 편이 좋지 않을까?

경청은 상대에게 주는 선물 같다

관심에 대해 말했으니, 이제 경청에 대해 말할 차례다. 사람들의 98퍼센트는 누군가가 자기 말을 열심히 들어주기를 간절하게 바라고 있다. 다음에 누군가와 대화하게 된다면, 상대방이 진정으로 우리의 이야기에 귀를 기울이고 있는지 주의 깊게 살펴보자. 우리가 하는 말 하나하나를 귀담아듣는가? 아니면 끊임없이 어깨 넘어 먼 곳을 쳐 다보거나, 손목시계를 흘긋거리거나, 손으로 동전을 달그 락거리거나, 혹은 창문 커튼을 유심히 쳐다보는가?

자신이 잘 이해했는지 확인하려 우리가 한 말을 되풀 이하며 물어보는가? 아니면 이제 자기가 말하고 싶어 우 리가 입 다물기만을 기다리는가?

우리 삶에는 음식만큼이나 내 말을 열심히 들어줄 친 구도 필요하다. 기원전 4세기의 학자 세네카의 문장은 오 늘날에도 여전히 우리의 마음을 울린다.

"하루라도, 아니 한 시간이라도, 아니 단 한 순간이라도 내 말 을 들어주오. 내가 이 끔찍한 황무지에서 죽어버리지 않도록, 나의 외로운 침묵! 오, 신이시여, 들어줄 이가 정녕 아무도 없 단 말이오?"

나는 수백 명의 사람들을 대상으로 경청 연습을 위한 특별한 세미나를 연 적이 있다. 이 연습은 두 사람씩 짝을 이루어 진행되는데, 한 사람이 3분간 이야기를 하고 다른 사람은 집중해서 듣는다. 듣는 사람은 그동안 아무 말도

해서는 안 된다. 끼어들어서도, "네, 저도 그래요"라고 맞장구쳐서도 안 된다. 손가락 하나 꼼짝하지 않은 채 철저히 듣기만 해야 한다. 그리고 연습하는 동안은 계속해서 서로의 눈을 바라보아야 한다.

처음 3분이 지나면 역할을 바꾼다. 이번에는 들었던 사람이 말하고, 말했던 사람이 듣는다. 각자에게 네 번의 말할 기회와 들을 기회가 주어진다.

간단한 연습처럼 보이겠지만, 실제 참가자들의 반응은 언제나 놀랍고 신기했다. 대부분이 "살면서 이렇게 열심히 경청해본 적이 없어요!"라고 털어놓았다. 또, 많은 부부가 "30년 동안 결혼 생활을 하면서 이렇게 서로의 말을 성심껏 들은 적이 없어요!"라고 말했다. 이제껏 서로 몰랐던 사람들이 "우리는 사랑에 빠졌어요!"라고 농담 삼아 소리치기도 했다. 단지 25분간의 경청을 경험한 후에.

생각해보라. 누군가가 우리에게 온전한 관심을 기울여주면 기분이 좋지 않은가? 내가 아닌 타인이 애써 나의 눈으로 삶과 세상을 바라봐주는 일은 특별한 경험이다. 자, 이제 우리의 대화 상대에게 그 느낌을 확실히 선물해주자. 세상 사람들은 자신의 이야기를 정성껏 들어줄 사람을 간절히 원하고 있다.

사람들에게 좋은 인상을 주고 싶다면, 100퍼센트 주의
를 집중해 그들의 말을 들어주길 바란다. 그러면 자연스
럽게 그들에게 특별한 사람으로 자리매김할 것이다.

비판 없이 경청하기

배우자나 연인, 혹은 가족과 관계가 나빠진 사람들과
대화를 나눠보면, 그들은 "우리는 더 이상 대화하지 않아
요", "결혼 생활을 하며 대화가 통한 적이 없어요", "우리
아버지는 내 말은 전혀 듣지 않아요"라고 말한다.

다시 한번 경청에 대해 말해보자. 사랑하는 사람과의
관계에서 경청은 매우 중요하다. 하지만 상대방의 말을
들을 때 염두에 두어야 할 점은 비판이나 판단이 끼어들
어서는 안 된다는 것이다. 인간은 상처받기 쉬운 존재이
다. 그래서 우리는 자신의 가장 깊은 고민을 나눌 수 있
는 사람이 적어도 하나는 필요하다. "무슨 일이 있든, 너
를 있는 그대로 사랑하고 받아들일 거야"라고 말해주는
사람. 비밀스러운 감정을 털어놓았을 때 상대방이 "역겨
워!"라든가 "부끄러운 줄 알아!"라고 말할까 봐 두려운

상황에서는 서로가 절대 아무것도 공유하지 못할 것이다. 그러다 결국 점차 멀어지게 될 것이다.

많은 경우, 듣는 사람은 굳이 의견을 드러낼 필요가 없다. 사람들은 자신의 감정을 공감해주는 사람과 이야기할 수 있었다는 점만으로도 충분히 만족한다.

언행일치로
삶을 통제한다

○

흔히들 세상 사람은 세 개의 그룹으로 나뉜다고 한다. 첫 번째 그룹은 소수로, 이들은 실천하는 사람들이다. 두 번째 그룹에는 많은 사람이 속하는데, 이들은 실천하는 사람들을 그저 지켜보는 사람들이다. 세 번째 그룹은 그 외 나머지 사람들로, 이들은 무슨 일이 일어났는지조차 모르는 사람들이다.

첫 번째 그룹에 속하기 위해서는 다음과 같은 규칙을 지켜야 한다. 하겠다고 말한 일은 실천하는 것이다. 그런데 대부분 사람이 그러지 못한다. 온갖 종류의 일을 하겠다고 말만 하고 실천하지는 않는다.

"전화할게요" 하고는 전화하지 않거나, "살을 뺄 거야" 라고 말하고는 오히려 살이 찌거나, "가능한 한 도와줄게" 하고 도와주지 않는 모습을 얼마나 많이 봐왔는가?

약속한 말을 진지하게 실천하면, 다음과 같은 일이 우리에게 일어난다.

× 사람들의 신뢰를 얻는다.

× 더 신중하게 생각한 후 약속을 하는 습관이 생긴다.

× 사람들을 더 정직하게 대하게 된다.

× 원치 않는 상황을 더 잘 피할 수 있다.

× 자기 자신을 더 좋아하게 된다.

사람들은 경솔하게 말을 내뱉는 사람에게는 마음을 주지 않는다. 자신에게 믿음을 주지 못하는 사람은 타인의 믿음도 얻지 못한다. 믿음직스럽지 못한 사람은 금방 표가 난다. 사람들은 상대방이 어떤 사람인지 곧 알아차린다.

언행이 일치된 사람이 되려면 어떻게 해야 할까? 먼저

선택을 하고, 자신의 선택을 받아들인 다음, 그 선택을 계속해서 지키면 된다.

이웃이 술이나 한잔하자고 초대할 때, '거기 가느니 차라리 죽어버리지'라고 생각한다면 "좋아요! 꼭 갈 수 있으면 좋겠네요"라고 말해서는 안 된다. 솔직하게 대답해야 한다. "생각해주셔서 고맙습니다만, 오늘 오후에는 안 되겠네요."

다른 비슷한 상황에서도 마찬가지다. 자신이 느끼는 그대로, 예의 바른 말로 자신의 입장을 밝히자. 자신의 감정에 솔직하게 행동한다고 해서 죄책감을 느낄 필요는 없다.

만약 현재나 미래의 상황이 어찌 될지 잘 모르겠는 경우라면 아무것도 약속하지 말고 자신의 상황을 솔직하게 털어놓는 편이 좋다. 그런데도 많은 사람이 지나치게 긍정적으로 행복 회로를 돌리며 충분히 고민하지 않고 약속을 남발한다. 이들은 "나중에 이 비용을 어떻게 낼까?"나 "나는 100퍼센트 확신하고 있나?" 같은 꼭 필요한 질문을 건너뛰어 버린다.

사람들이 무언가를 요청할 때, 꼭 할 수 있다는 확신이 없다면 약속을 해서는 안 된다. 이런 경우, 가장 좋은 대처는 "잘 모르겠습니다. 나중에 갈 수 있으면 전화드리겠습니다"라고 말하는 것이다. "가겠습니다"라고 말한 후 전화로 가지 못한다는 나쁜 소식을 전하는 것보다 먼저 이런 식으로 대답한 후 나중에 좋은 뉴스("갈 수 있어요.")를 전하는 편이 훨씬 나은 방법이다.

강한 사람이 인기 있다

사람들은 강한 사람을 좋아한다. 때로는 상대방을 시험하며 줏대 있는 강한 모습을 보고 싶어 한다. 즉, 우리의 이웃, 친구, 동료들은 우리에게서 내심 강한 모습을 기대한다. 너무나 많은 사람이 바람에 흩날리는 나뭇잎처럼 연약한 존재이기 때문이다.

우리가 새롭게 다이어트를 시작하면, 주변 사람들은 생크림 케이크 따위로 우리를 유혹하기도 한다. 하지만 그들도 속으로는 우리가 거절하기를 바란다. 사람들은 사회적 이슈에 대해 자신과 관점이 다른 사람의 소신을 의외로 존중하는 편이다.

아이들에게는 특히 강한 모습, 즉 우리가 한 약속이나

규칙을 지키는 모습을 보여줄 필요가 있다. 아이들은 종종 허용되는 선을 넘어가곤 한다. 이때 아이들은 누가 더 강한지 시험한다. 속으로는 부모님이 더 강하기를 바라면서.

누구의 통제도 받지 않고 자신이 원하는 것은 뭐든지 할 수 있다고 생각되는 상황에서 아이들은 오히려 불안을 느낀다. 아이들에게는 규칙을 정하고 그걸 강제하는 사람이 꼭 필요하다. 때로 욕이나 저주를 퍼붓고, 물건을 부수거나 훔치고, 큰 소리나 비명을 지르며 도망치는 동안에도, 아이들은 누군가가 나타나 자신들에게 경계를 알려주기를 바란다.

한마디로

스스로 내뱉은 말이나 약속을 지키지 않는 행동은 내면의 힘을 조금씩 깎아내리는 짓이다. 물론, 가끔 마음을 바꾸는 것은 괜찮다. 하지만 우리는 약속을 지키는 행동을 통해 우리가 삶을 제대로 통제하고 있다는 사실을 스스로에게 증명할 필요가 있다.

말과 행동이 일치할수록, 우리는 더 강해진다. 주변 사람들에게 영향력을 가지고 싶다면, 먼저 자신을 믿어야 한다. 그리고 자신을 믿기 위해서는 자신이 한 말을 믿고 그 말대로 행동해야 한다.

"당신이 짜증 내는 거
이해해"

。

    때때로 우리는 우리를 괴롭히는 가게주인, 이웃, 시가나 처가 식구들(혹은 남편이나 아내)을 상대해야 한다. 그러나 세상에는 사이좋게 지내려는 우리의 노력이 헛될 정도로 구제 불능인 사람들이 있다.

    여기서는 사람들과의 다툼을 피하고 그들을 내 편으로 만드는 몇 가지 전략을 알려주겠다. 순수하게 싸움과 갈등을 즐기는 사람은 이 부분을 건너뛰거나 내용과는 반대로 행동하면 된다.

    다음과 같은 상황을 상상해보자.

쇼핑 카트를 밀고 가 슈퍼마켓 계산대에 도착하려는 찰나, 카트를 가득 채운 어떤 여자가 나타나 미안하다는 말 한마디 없이 새치기한다. 그래서 그 여자가 계산을 마치기를 2분 동안 기다린다. 이런 경우, 대부분 사람은 다소 분통이 터질 것이다. 그런데 2분을 기다려서 화가 나는 걸까? 아니면 그 여자의 뻔뻔한 행동 때문에 화가 나는 걸까?

파티에 참석 중이다. 오랫동안 알고 지내던 사람이 나를 보고도 "안녕!"이라고 인사하지 않는다. 짜증이 난다. 왜?

레스토랑에서 샐러드를 받았는데 양상추의 가장자리가 갈색으로 변색한 것을 발견한다. 웨이터를 불러 양상추의 상태에 대해 말하자, 웨이터가 "그냥 가장자리를 떼어내고 드세요. 그거 먹는다고 안 죽습니다"라고 대답한다. 화가 나는 이유는 떼어낸 만큼 샐러드의 양이 줄어서일까?

이때 화가 나는 진짜 이유는 2분을 기다려서도, "안녕"이라는 인사를 못 들어서도, 양상추의 양이 줄어서도 아니다. 바로 사람들의 태도 때문이다. 보통 우리가 화를 내

는 상황 대부분은, 밖으로 드러나는 원인은 진짜 원인이
아니다. 사실, 우리는 사람들이 우리를 공정하게 대하지
않을 때 화가 난다. 우리가 진정으로 원한 것은 존중이다.
모든 사람은 존중받기를 원한다.

사람들이 흔히 하는 실수

누구나 존중받고 싶어 한다는 것은 당연할 뿐만 아니
라 우리 대부분이 이미 알고 있는 사실이다. 문제는 우리
가 다툼을 벌일 때다. 이때 우리는 온갖 변명과 핑계를 대
느라 상대방을 향한 존중을 깜박한다.

배우자가 퇴근길 세탁소에 들러 옷을 찾아오라고 부탁
한다. 자세한 상황은 아래와 같다.

대개는 배우자가 세탁소에서 옷을 찾아온다.

배우자는 쉽게 화를 내는 성향이다.

나는 세탁물 찾는 걸 잊어버린 채 귀가한다.

배우자가 화를 낸다.

이때 잘못 판단해서는 안 된다. 배우자는 우리가 세탁

물을 찾아오지 않은 사실보다는 우리가 자기 말을 아랑곳하지 않은 점에, 자신을 도와주려는 마음이 없다는 점에화를 내는 것이다. 그렇기에 아래와 같은 변명이나 대답은 관계에 도움이 되지 않는다.

"그놈의 드라이클리닝 말고도 난 신경 쓸 게 너무 많아!"

"정말 힘든 하루였다고! 해결해야 할 문제가 너무 많았어. 상사, 자동차, 고객, 돈, 전부 말이야. 그런데 당신은 쓸데없는 세탁물이나 신경 쓰고 있군!"

"찾아온다는 걸 깜빡했어."

"결혼했다는 걸 깜빡했어."

"빌어먹을 드라이클리닝!"

모든 문장에는 "내 욕구가 당신의 욕구보다 더 중요해"와 "내가 당신보다 더 중요한 사람이야!"라는 속뜻이 담겨있다. 매우 위험하다. 이런 말을 들은 상대방은 즉시 "저 사람은 아무것도 도와주지 않아", "저 사람은 자기만 생각해"라고 결론 내린다. 심지어는 "저 사람은 나를 전혀 신경 쓰지 않아"라고 생각하기에 이른다. 그 결과, 갑

자기 부부 관계가 이혼 직전에 놓이게 된다. 바보 같은 드라이클리닝 때문에.

그런데도 우리는 사과하지 않고 "하지만 정말로 상사와 문제가 있었어"나 "자동차 바퀴를 도둑맞았어", 혹은 "오늘 지갑을 잃어버렸어. 진짜야!"라고 말하며 "왜 이 사람은 이토록 비이성적으로 굴까?"라고 생각한다.

상대방이 비이성적으로 구는 이유는 중요한 건 사실이 아니기 때문이다. 적어도 처음에는 말이다. 상대방은 우리가 자신을 배려하고 있는지를 알고 싶어 한다. 사람들은 공감과 존중을 원한다. 일단 우리가 상대방을 신경 쓰고 배려하고 있다는 점을 알고 나면, 그다음에는 사실에도 귀를 기울일 것이다. 그러니 먼저 상대방에게 공감과 배려를 보여주어야 한다.

앞서 변색된 양상추샐러드의 이야기를 다시 떠올려보자. 사실, 객관적 사실 따위는 중요하지 않다. "오늘은 식당이 너무 바빠 변색된 가장자리를 잘라내지 못했습니다"나 "저런 안되셨네요, 손님. 시든 양상추 끝부분을 받으시다니" 같은 말을 원한 것이 아니다. 단지, 존중을 원했을 뿐이다. "손님, 기분이 상할 만하네요. 저라도 그랬을 겁니다. 샐러드를 새로 가져다드리면 어떻겠습니까? 다른 필요한 건 없으십니까?" 웨이터가 이런 반응을 보였다면, 우리는 충분히 만족했을 것이다.

그렇다면, 어떻게 사람들에게 존중을 보여줄 수 있을까? 다음의 몇 가지 간단한 규칙을 따르면 된다.

첫째, 경청하기. 멀쩡한 사람도 자기 말이 무시된다고 느끼면 금세 화를 낸다. 경청은 존중을 나타내는 좋은 수단이다. 따라서 말하는 사람은 상대방이 자신을 중요한 존재로 여긴다고 느낄 수 있다. 특히 감정을 이야기할 때는 꼭 눈을 마주치도록 한다.

둘째, 공감하기. 상대방의 감정에 공감한다는 것을 알려주어야 한다. "당신이 짜증 내는 거 이해해. 겨우 한번 도와달라고 부탁했는데, 내가 실망시켰네! 아마 무심한 인간처럼 보였을 거야."

셋째, 역지사지하기. 상대방의 입장을 이해한다는 점을 보여주어야 한다. "상황이 바뀌었으면, 나도 당신처럼 느꼈을 거야" 혹은 "당신이 화가 난 걸 탓하지는 않아. 나라도 그랬을 거야"라고 말하면 된다.

넷째, "더 하고 싶은 말 있어?"라고 물어보기. 상대방의 말이 끝나면 "내가 더 알아야 할 부분이 있을까?" 하고 물어보길 바란다. 화가 난 사람에게 "더 하고 싶은 말이 있나요?"라고 물으면 다소 놀라면서도 반가워한다. 사람들은 상대에 의해 말문이 막히는 상황에 너무나 익숙해져 있기 때문이다. 자신이 원하는 시간만큼 상대방이 들을 준비가 되어 있다는 사실을 알아차리면, 사람들의 공격성은 눈 녹듯 사라지며, 대개는 그쯤에서 비난을 그만둔다.

다섯째, "내가 뭘 해주면 좋을까?"라고 물어보기. 우리가 무심하다고 생각해 화가 난 사람에게 "내가 뭘 해주면 좋을까?"라고 물으면, 아마도 "지금 당장 시내로 가서 이 문제를 해결해"나 "옥상으로 가서 뛰어내려" 같은 말을 들을 가능성이 높겠지만.

하지만 화를 내다가도 상대가 진정으로 내게 신경 쓰고 있다고 느끼면 모든 불만이 사라지기도 한다. 그래서 "별일 아니야, 정말" 혹은 "내가 해결할 수 있을 거야" 같은 대답을 들을 수도 있다. 한번 시도해보길 바란다. 아마 놀라운 광경을 보게 될 것이다. 셔츠 하나 때문에 펄펄 뛰며 위협하던 상대가 바로 "괜찮아!"라고 말하는 모습을.

최근 한 강연에서 이 원칙을 소개했다. 그리고 며칠 후 내 강연을 들은 '조지'라는 남자를 만났는데, 그가 내 비법을 잘 써먹고 있다고 말해주었다.

가구 상점을 운영하는 조지는 한 고객에게 약속한 배송일보다 이틀 늦게 가구를 배달했다. 화가 난 구매자는 싸울 준비를 하고 밖으로 나와 소리쳤다. "어떻게 감히! 이틀 전에 배달해준다고 했으면서."

조지는 핑계를 대고 싶은 충동을 억누르며, "주문한 가구가 예정보다 이틀이나 늦어서 화가 나셨죠? 당연하죠. 저라도 그랬을 겁니다"라고 대답했다. 고객은 즉시 냉정을 되찾고는 "뭐, 가끔은 늦을 수도 있겠지요"라고 말했다.

조지는 내게 이렇게 덧붙였다. "놀라웠습니다. 내가 아무 핑계도 대지 않고 손님의 입장을 이해한다고 말하자, 그 사람의 태도가 순식간에 바뀌었어요. 이제 나는 더 이상 화를 내는 사람들이 무섭지 않아요."

이 원칙을 실제로 적용하기란 말처럼 쉽지 않다. 개념을 잘 이해하고 있다고 생각해도, 압박을 받는 상황에서는 습관적으로 변명이 튀어나오기 쉽다. 그러면 안 된다. 적어도, 처음에는 상대방의 말에 공감하는 모습을 보여주어야 한다.

물론, 때로는 문제의 원인이나 상황을 사실대로 말해야 할 때도 있다. 이를테면, "내가 늦은 이유는 누군가가 내 차를 훔쳐 갔기 때문이야"처럼. 하지만 이런 말도 먼저 상대방에게 공감을 나타낸 후 해야 한다. "자기, 내가 우리 결혼식에 두 시간이나 늦어서 정말 화났을 거야." 먼저 공감을 보여주고, 다음에 이유를 설명하는 것이 규칙이다.

한마디로

화난 사람에게 사실은 중요하지 않다. 배려와 존중을 보여주어야 한다. 일련의 행동 요령보다는 태도의 변화가 중요하다. 경청하고, 공감하고, 존중하자. 그러면 문제 상황에서도 98퍼센트의 사람들과는 아무 문제 없을 것이다.

감정을 표현할 줄
알아야 한다

○

"남편이 실은 사랑스럽고 친절한 사람이라는 걸 알아요. 우리 개를 대하는 모습을 보면 알 수 있죠."

이 말은 레오 버스칼리아°가 '사랑'에 관한 강연에서 한 외로운 숙녀가 자신에게 한 말을 인용한 것이다. "부유하거나 가난하거나 좋을 때나 나쁠 때나" 함께하기로 한 아내를 두고 온통 비글에게 애정을 쏟는 남편이라니, 좀 슬프지 않은가?

○ 레오 버스칼리아Leo Buscaglia(1924~1998)는 미국의 작가이자 교육자, 동기부여 연설가이며, 사랑과 인간관계에 대한 강연과 저서로 큰 인기를 얻었다.

종종 문제는 관심이 없을 때가 아니라, 관심을 표현하는 방법을 모를 때 생긴다. 많은 경우, 우리는 어색하고 부끄러워서 침묵을 택한다. 언젠가는 어머니께 사랑한다고 말해야겠다고 결심하지만 너무 늦어버린 탓에 영영 그 말을 할 기회를 놓치기도 한다.

　　내게는 '폴'이라는 친구가 있는데, 그는 서른세 살이 되던 해에 아버지에게 자신이 얼마나 아버지를 사랑하는지 말하기로 결심했다. 부자의 사이가 그때까지 순탄치 않게 흘러왔기에 그가 들려준 이야기는 더욱 감동적으로 다가왔다.

"아버지가 이제껏 나를 위해 해주신 모든 일이 정말 감사하다고 말씀드리고 싶었어. 보이스카우트 활동 후에 나를 데리러 와 주신 것, 내가 축구 경기를 할 때 항상 지켜봐 주신 것, 또 내가 대학에서 공부할 수 있도록 동시에 두 가지 일을 하신 것에 대해 정말 감사하다고 말씀드리고 싶었어. 우리 사이에 여러 일이 있었지만, 내가 여전히 아버지를 사랑한다고도.
아버지는 우리 집에서 겨우 80킬로미터 떨어진 곳에 살고 계시지만, 직접 뵙고 말씀드리기는 너무 떨렸어. 게다가 전화로 말할 용기도 못 낼 정도로 나는 겁쟁이였지. 그래서 편지를 쓰기로 했어. '아버지께, 최근 우리 사이가 별로였던 거 알아요. 그래서 5년 동안이나 서로 대화도 하지 않았지요'라는 말로 시작해 우리의 성격 차이에도 불구하고 내가 아버지를 얼마나 사랑하고 존경하는지를 썼어. 직접 마주 보고 할 수 없었던 모든 이야기를 편지에 써 보냈어.

그리고 며칠 후에 나는 한 통의 전화를 받았어. 아버지였어. '폴, 아빠다. 네 편지 받았다. 그럼, 엄마 바꿔주마.' 짧은 대화였지만, 관계가 다시 시작되었지!

몇 주 후, 나는 아버지의 테니스 경기를 보러 가기로 마음먹었어. 아버지도 내 운동 경기를 수년간 지켜보셨으니까, 나도 그렇게 하기로 했지. 경기가 끝나고, 아버지는 나를 클럽하우스로 데려가 친구들을 소개해주셨어. 그러자 제일 먼저 소개받은 아버지의 친구가 '폴! 네가 바로 그 편지를 쓴 아들이구나!' 하고 말했어. 그다음 인사한 사람이 '만나서 반갑구나. 네가 바로 편지 쓴 아들이구나' 하고 말했어. 세 번째 사람이 한 말을 맞춰봐. 그 사람도 '네가 바로 그 편지를 쓴 아들이구나' 하고 말했어. 그 테니스 클럽에는 약 300명의 사람이 있었는데, 모두 내가 아버지께 보낸 편지에 대해 알고 있는 듯했어. 아마 아버지가 내 편지를 게시판에 붙였거나 회보에 실었나 봐. 그때 한 남자가 내게 다가와 말했어. '내 재산이 2백만 달러 정도인데, 아들에게서 그런 편지를 받을 수만 있다면 그 돈을 다 포기할 수도 있다네'라고.

아버지와 나는 주말을 함께 보내고 스키장으로 휴가도 같이 가기 시작했어. 우리 관계가 예전과는 완전히 달라졌지. 옛날에는 아버지와 말도 하지 않았는데, 이제는 아버지를 만날 때마다 힘껏 안아드리곤 해."

사랑하는 사람들에게 사랑한다고 말할 때는 언제나 거부당할 위험이 존재한다. 따라서 자신의 감정에 충실하게 행동하기 위해서는 용기가 필요하다. 하지만 세상만사가 그렇듯이, 위험이 크면 성공했을 때의 보상도 크다. 우리는 사랑하는 사람들에게 말해줘야 한다. 그들은 듣고 싶어 한다. 한 남자가 "아내에게 사랑한다고 말하기에 가장 좋은 때는 언제일까요?" 하고 물었다. 나는 "다른 남자가 말하기 전입니다"라고 대답했다.

말은 행동을 대신할 수 없다. 그리고 그 반대도 마찬가지이다. 행동도 말을 대신할 수는 없다. 가족을 먹이고 입히느라 일주일에 80시간씩 일하는 프랭크는 "당연히 우리 가족은 내가 자기들을 사랑한다는 사실을 알고 있어야죠! 내가 이렇게 열심히 일하잖아요! 그러니 굳이 그들에게 사랑한다고 말할 필요는 없어요!" 하고 말한다. 그렇지 않아요, 프랭크. 가족에게 사랑한다고 말해야 합니다. 그들은 아마 모를 겁니다.

메이는 "엄마는 당연히 내가 고마워한다는 사실을 알고 계세요"라고 말한다. 글쎄, 어쩌면 아실지도 모르지만, 아마도 모르실 가능성이 더 크다. 사람에게는 다른 사람의 속마음을 읽는 능력이 없으니까.

개를 쓰다듬는 것도 좋지만, 사랑하는 사람들도 쓰다듬어주길 바란다. 개에게 효과적인 방법은 사람에게도 효과적이다. 그러니 자주 칭찬해주고, 등을 토닥여주고, 안아주고, 사랑한다고 말해주길 바란다. 개들이 애정 어린 행동을 언제나 원하는 것처럼 우리의 아내, 남편, 연인도 마찬가지이다.

누구에게나 혼자만의
시간이 필요하다

○

"함께 노래하고 춤추며 즐거워하되,

혼자만의 시간도 잊지 말기를.

같은 곡조에 맞춰 떨어도,

홀로 울리는 류트의 현처럼"

— 칼릴 지브란Kahlil Gibran, 미국의 시인

인간이라면 누구나 가끔은 사람들과 떨어져 혼자 있고 싶을 때가 있다. 아주 사랑하는 사람들이라 해도 예외는 아니다.

우리는 가끔 누구에게나 자신만의 공간과 시간이 필요하다는 사실을 잊어버린다. 그래서 배우자가 혼자서 무언가를 하겠다고 하면, 따돌림이라도 당하는 양 군다.

프레드가 메리에게 "낚시하러 가려고 해"라고 말한다.

메리가 묻는다. "혼자서?"

프레드가 대답한다. "응, 가끔은 혼자 있고 싶거든."

"왜? 내가 뭐 잘못한 거 있어?" 상처받은 메리가 묻는다.

"없어. 그냥 가끔은 고독이 좋아서 그래."

"그럼, 나도 따라가서 함께 고독을 즐기면 어때?"

"메리! 그냥 나 혼자 가고 싶어."

"하지만 난 당신 아내라고!"

"그래, 그리고 여전히 당신을 사랑해. 하지만 그거랑 상관없이 혼자 조용히 낚시 가고 싶다고."

"나를 정말 사랑한다면, 낚시에 나를 데려가겠지."

"메리, 억지 부리지 마!"

"나한테 불만이 있는데, 말 안 하는 거잖아!"

"당신한테 불만 없어. 그냥 가끔은 혼자만의 시간이 필요할 뿐이야."

"나한테서 도망치려는 거잖아."

"절대 아니야."

메리가 계속 이런 식으로 군다면, 곧 프레드는 정말로 그녀에게서 벗어나려는 목적으로 낚시하러 갈 것이다.

대부분 사람에게는 머리를 비우고, 생각을 정리하고, 계획을 세우고, 자연과 함께하고, 사물을 새롭게 바라보기 위한 혼자만의 시간이 필요하다. 혹은, 누군가를 그리워하고 다시 한번 그 사람과 사랑에 빠지기 위해 혼자 있어야 할 때도 있다.

일주일 내내 하루도 빠지지 않고 누군가와 붙어 있다 보면, 어느 순간 서로를 미치게 하기 마련이다. 상대방이 한주에 세 번이나 세탁소에서 세탁물을 찾아오는 일을 잊어버리거나, 오전 내내 전화 통화를 한다거나, 세면대 가장자리에 깎은 발톱 조각을 그냥 내버려둔다고 생각해보자. 아마 혼자 있고 싶다는 생각이 저절로 들 것이다.

우리는 상대방의 요구나 감정에 민감하게 반응할 필요가 있다. 하지만 때로는 누군가와 잘 지내고 싶다면 그 사람을 내버려두는 것이 가장 좋은 방법일 수 있다.

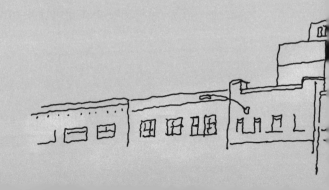

5장

사소한 태도가
관계를 결정한다

많은 경우, 사람들은 열 마디 말보다
우리의 침묵을 더 고마워한다.

침묵할 때를
아는 사람

○

"나의 훌륭한 언어구사력에 힘입어 아무 말도 하지 않았다."
— 로버트 벤츨리Robert Benchley, 미국의 배우

어느 날, 앤절라는 남편에게서 다이아몬드 반지를 선물 받는다. 정말 낭만적인 이 순간, 감동한 그녀는 남편의 눈을 그윽하게 바라보며 말한다. "자기, 정말 아름다운 반지야. 무척 마음에 들어! 항상 소중히 간직할게!" 그러자 남편은 그녀의 눈을 마주 보며 답한다. "당연히 그래야지! 얼마나 비싼 건데!"

어떤 말은 하지 않는 편이 낫다. 인생에서 꼭 배워야 할 것 중 하나가 입을 다물어야 할 때를 아는 것이다. 문제를 해결하거나 누군가의 기분을 나아지게 하는 말이 아니라면, 속으로만 간직하길 바란다.

세상에는 사람들이 듣고 싶어 하지 않는 말들이 있다. 사람들은 타인의 남편에 대한 불평을 듣고 싶어 하지 않는다. 또, 타인의 아픈 허리나 꽉 막힌 코, 과소비한 일, 혹은 간밤에 화장실에 간 횟수에 관한 이야기는 듣고 싶어 하지 않는다.

이제부터는 불평하려 입을 열기 전에 스스로에게 물어보길 바란다.

"정말 이런 이야기를 듣고 싶어 할까?"

구순포진에 대해 끊임없이 투덜거리는 제임스 본드를 본다면 어떤 느낌일까? 슈퍼맨이 날씨와 세제 가격에 대해 징징거린다면, 이들의 카리스마가 조금 사그라지지 않을까? 반면에 힘든 상황에서도 웃음을 잃지 않는 사람은 사람들의 존경을 받는다. 성질내지 않고 실망스러운 상황이나 문제를 처리하는 사람들이 높이 평가받는다.

학벌이 얼마나 좋든, 비싼 명품 옷을 입든, 근사한 집에 살든 간에, 불평만 늘어놓는 사람을 멋지다고 하는 사람은 없다. 누군가에게, 이를테면 상사나 남자 친구에게 좋은 인상을 주고 싶다면, 안 좋은 일이 일어났을 때 한마디도 불평하지 말고 상황을 해결해보길 바란다. 아마 대단한 주목을 받을 것이다. 왜냐하면 그런 사람이 거의 없기 때문이다. 사람들은 우리의 강인함에 감명받아 같은 팀이 되고 싶어 할 것이다.

다음은 사람들이 듣기 싫어하는 몇 가지 불평불만이다.

"두통이 있어."

"남편이 밤새도록 코를 골았어."

"나 파산했어."

"인생은 불공평해. 사람들이 나한테만 못되게 굴어."

"무지외반증 있는 발이 또 말썽이야."

"네 생일 선물을 사느라 돈을 엄청나게 썼어."

"지금 기분이 너무 안 좋아."

"내 자신이 싫어. 못생긴 데다가 유머도 없고……."

"독감에 걸렸어. 너도 곧 옮을 거야."

"금요일에 세상은 멸망할 거야."

또, 사람들은 "그러지 그랬어"라는 말을 싫어한다. 상대방이 이미 지나간 일에 대해 반갑지 않은 조언을 곁들여 이런 말을 하면, 정말 싫지 않은가?

양복점에서 정장을 구입한 후 "끝내주지 않아? 499달러밖에 안 줬어!"라는 자랑에 동생 녀석이 "저런, 나라면 200달러에 샀을걸. 형도 그러지 그랬어" 하고 대답하는 경우를 상상해보면 알 수 있을 것이다.

내 친구 중 하나는 내가 전화를 걸면 평소에 내가 너무 연락이 없다고 투덜거린다. "왜 연락이 뜸해? 언제 마지막으로 통화했는지 기억이나 해? 너는 너무 연락을 안 해. 왜 더 자주 전화하지 않는 거야?"

자, 여러분은 이제 내가 그녀에게 전화하지 않는 이유를 짐작할 수 있을 것이다.

사람들이 듣고 싶지 않은 "그랬어야" 할 목록은 다음과 같다.

"너는 이렇게 해야 했어."

"당신은 지난주/작년에 집을 팔았어야 했어요."

"어제 왔었어야죠."

"너도 나처럼 직업을 구하고 살을 빼고 담배를 끊고 교회를 다녔어야지."

"진작 나한테 말하지 그랬어."

"부끄러운 줄 알았어야지."

우리 아버지는 침묵이 더 나은 때를 잘 알았다. 내가 열여덟 살에 동네 쇼핑센터의 간판을 칠하고 있을 때의 일이다. 그날은 바람이 심했는데, 나는 크고 무거운 사다리를 사용해 지붕으로 올라갔다. 근처에는 많은 차가 주차되어 있었다. 마침, 아버지가 지나가다 나를 보고 굳이 사다리를 타고 올라와서는 "바람이 오늘 같은 날에는 사다리가 쉽게 넘어질 거다. 혹시 자동차에라도 부딪히면 큰일이잖니? 나라면 사다리를 어딘가에 묶어둘 거다"라고 충고했다.

하지만 나는 아버지가 아니었기에, 사다리를 묶는 수고를 하지 않았다. 그리고 5분 뒤 내가 사다리를 등지고 지붕 위에 서 있을 때 갑자기 쾅 하는 요란한 소리가 울렸다. 사다리가 도요타 자동차의 후드 위에 쓰러져 있었다. 차는 심하게 부서졌고, 나는 수리비로 큰돈을 물어내야

했다.

이 일을 털어놓았을 때, 아버지는 내게 "내 말을 들었어야지"라거나 "이 바보 자식"이라고 말씀하지 않았다. 그냥 고개만 끄덕였다. 내가 이미 교훈을 얻었다는 사실을 알고 계셨던 것이다. 그리고 당신이 항상 알고 계셨듯이, 때로는 아무 말도 하지 않는 편이 가장 낫다는 점도.

불쾌한 말을 들었을 때

성숙한 사람들은 다른 사람의 불쾌한 말에 쉽게 마음이 상하지 않는다. 때때로 사람들은 우리를 시험하는 말을 한다. "너는 열심히 일하지 않잖아!", "엄청나게 먹네!", "네가 돈 때문에 그 남자랑 결혼했다는 사실을 온 세상이 다 알아!" 등등. 질투심 때문에 이런 말을 하기도 하지만 대개는 상대방의 반응을 보기 위해서다. 그들의 동기가 무엇이든, 가장 좋은 대처 방법은 미소를 지으며 아무 반응도 보이지 않거나 상대방의 말에 동의하는 것이다.

그러니 다음에 이웃이 새 차를 타고 있는 우리를 보고 "일에 비해 월급을 많이 받나 봐요!"라고 말한다면, 미소를 지으며 "이 차 멋지죠?" 하고 대답하자. 우리 일이 얼마나 힘든지, 야근은 또 얼마나 많은지 주절주절 떠들어댈 필요도, 우리의 생활 방식을 해명할 필요도 없다. 그냥 미소를 지으며 무시하면 된다.

시누이가 "너희는 맨날 휴가만 가네"라고 퉁명스럽게 말하면, "네, 우리는 휴가를 좋아하거든요"라고 맞장구를 쳐라. 사촌 프레드가 "세상에, 수영장에 돈을 그렇게나 낭비하다니"라고 말하면, 웃음 띤 얼굴로 "당연히 그래야지! 나는 싸구려 수영장을 싫어하거든!"이라고 답하라! 이런 말에 기분 나빠져서 사촌 프레드나 시누이, 타인을 공격해봤자 아무것도 얻지 못한다.

수업이나 강연을 하는 사람이라면 인신공격성 발언을 듣는 일은 운명이다. 다시 한번 말하지만 야유하거나 깐족거리는 사람을 상대하는 가장 좋은 방법은 악의 없이 그들의 말에 동의하는 것이다.

뒤에 앉은 사람이 칠판의 철자가 틀렸다고 지적하며 "강사라면 정확한 철자 정도는 알 거로 생각했는데요, 아닌가요?"라고 조롱하면, 웃으며 "맞아요! 당연히 그래야 되는데"라고 대답하면 된다.

군중 앞에서 변명하는 행위는 자신을 물속으로 처넣는 자살행위와 같다. 깐족이의 말에 동의하거나 아니면 못 들은 척하며, 수업이나 강연을 계속해야 한다.

말다툼을
피하는 대화법

○

"돼지와는 절대로 싸우지 마라. 당신은 더러워지고 돼지는 그걸 즐긴다."

— 에이브럼스General Abrams, 미국의 장군

누군가와 논쟁하느라 저녁 시간을 온통 허비한 적이 있는가? 사실, 모든 논쟁이 시간 낭비라고 느껴지지 않는가?

논쟁 그 자체는 좋지도 나쁘지도 않다. 하지만 논쟁은 많은 시간을 잡아먹을 뿐만 아니라, 논쟁을 통해 상대방의 마음을 바꾸려고 노력할수록 그 사람의 마음을 바꿀 가능성은 낮아진다.

사람들은 주로 아래의 세 가지 이유로 논쟁을 벌인다.

첫째, 진정으로 무언가를 바꾸고 싶어서. (개혁가)

둘째, 주목받고 싶어서. (소위 '관심종자')

셋째, 그냥 기분이 나빠 시비를 걸고 싶어서. (싸움꾼)

논쟁을 통해 무언가를 바꾸려는 사람(개혁가)이 상대라면, 이들의 말을 경청하고 지난 장에서 설명한 전략을 사용하는 편이 좋다. 하지만 단지 관심을 끌고 싶거나 싸움이 고픈 사람이 상대라면, 상황을 살펴보고 그들이 벌이는 게임에 참여하지 않기로 마음먹는 편이 마땅하다.

관심종자들은 순전히 관심을 끌기 위해 말다툼을 벌인다. 그들은 사람들의 의견에 격렬하게 반대할수록 주목받는다는 사실을 잘 알고 있다. 정상적인 사람이라면 누군가의 관심을 얻기 위한 수단으로 말싸움보다는 애정과 배려를 선택하겠지만, 자존감이 낮은 사람은 언쟁과 짜증을 이용하기도 한다.

이런 방식은 비행 청소년의 사고방식과 비슷하다. 공중전화 부스를 부수고 동네를 엉망으로 만들면서 "나를 사랑하지 않을 수는 있지만, 나를 무시하지는 못할걸!" 전략을 사용한다. 매 맞는 아내(와 남편)의 사고방식도 비슷하다. "아마 나를 사랑하지 않을지도 모르죠. 하지만 나를 때리는 행동은 적어도 내게 신경은 쓰고 있다는 증거예요."

어떤 관심종자들은 덜 극적인 방법을 쓰기도 한다. 지금 그런 사람들이 머릿속에 떠오를 것이다. 여섯 명의 손님과 함께 저녁 식사를 하는 자리다. 주요리로 구운 닭고기 요리를 먹고 있는 도중, 갑자기 맞은편에 앉은 여자가 이건 닭고기가 아니라 데친 오리너구리 고기라고 말한다. 나는 물론 닭고기라는 것을 잘 알고 있다. 왜냐하면 내가 요리했으니까! 하지만 뭐하러 아웅다웅하겠는가? 그냥 고개를 끄덕이고 미소 지으며 화제를 바꾸면 되는데.

우리 곁에는 우리가 노랗다고 하면 '초록색'이라고 하고, 춥다고 하면 '덥다'고 하고, 새것이라고 하면 '낡았다'고 주장하고, 라디오에서 마이클 잭슨 노래가 나오는데도 '빙 크로스비의 노래'라고 고집하는 사람들이 항상 존재할 것이다. 마음의 여유를 갖고, 그들이 믿고 싶은 대로 믿도록 내버려둬라. 우리에게는 그 사람들을 교육할 의무가 없을뿐더러, 당사자도 원치 않을 것이다. 간섭하지 말고 자기 마음대로 살도록 내버려두자.

싸움꾼은 대체로 우리와 관계없는 일로 인한 짜증을 풀고 싶어서 말다툼을 원한다. 다시 말해, 우리는 그 싸움에 끼어들 필요가 없다. 주변 사람들이 우리에게 예의를 갖추도록 훈련하는 법은 매우 간단하다. 그냥 그들이 발광하고 소리 지르기 시작하면 무시하면 된다.

이웃이 전화로 노골적인 욕설을 퍼붓기 시작하면, 그냥 전화를 끊어라. 집이 전쟁터로 변해 가족들이 심하게 몸싸움을 벌이고 있다면, 얼른 공원으로 산책하러 가라. 그리고 한참 뒤 평화 회담에 참석하기 위해 돌아오면 된다. 자신들의 오후를 망치고 싶은 사람들과 꼭 함께해야 한다는 법은 어디에도 없다.

용납 가능한 한계를 알려줌으로써 사람들에게 우리를 대하는 방법을 가르칠 수 있다. "나는 나한테 소리 지르는 행동을 좋아하지 않아. 그리고 네가 거실에서 물건 던지는 짓을 그만두기 전까지는 아무 말도 하지 않을 거야"라고 말하고는 그 자리를 떠나기를 바란다.

상대방에게 동의를 구걸하지 마라

가정과 직장에서는 모두가 동의해야 하거나 명령에 따라야 하는 경우가 가끔 있다. 이럴 때 우리는 우리의 주장을 펼치거나 규칙을 정해야 한다.

하지만 모두의 합의나 상대방의 동의 여부가 중요하지 않은 경우도 많다. 즉, 누가 옳고 누가 그른지가 중요하지 않은 경우이다.

이런 경우, 사람들이 동의하지 않는 상황을 기꺼이 받아들이면 삶은 더 간단해진다.

물론, '논쟁하지 말자는 말이 좋게 들리긴 하지만 상대방이 격렬하게 내 말을 부정하는데 어떻게 논쟁하지 않을 수 있어?'라고 생각할지도 모르겠다. 그냥 흔쾌히 상대방이 다른 관점을 가지도록 내버려두어라! 다른 사람의 생각에 너무 신경 쓰지 않기로 마음먹으면 된다.

우리는 젖먹이 시절부터 주변 사람들의 지지를 갈망하며, '내가 옳다고 해주지 않으면, 소리치고 삐지고 잠도 자지 않고 물건도 던질 거야. 엄청나게 화낼 거라고!'라는 행동 방식을 따른다.

성인이 되어서도 삶의 태도가 이러하다면 바꾸기를 바란다. 그렇지 않으면, 스물다섯 살에도 어린아이처럼 굴게 된다. "내 말(내 축구팀, 내 종교, 내 정치, 내 신념)에 동의하지 않으면 나는 소리치고 삐지고 잠도 안 자고 술도 엄청나게 마실 거야. 매우 화낼 거라고. 심지어 물건도 던질 거라고!"

사람들이 우리 의견에 동의하지 않으면, 우리는 불안해진다. 그래서 그들에게 화가 난다. 하지만 일단 모든 사람이 내 생각에 동의해야 한다는 강박관념에서 벗어나면, 세상에는 논쟁거리가 별로 없음을 알게 될 것이다.

방금 터무니없이 싼 가격으로 차를 팔았다고 가정해보자. 그럴 때 가까운 사람과 이런 대화를 나눌 수 있다.

"그렇게 싸게 팔다니 당신은 바보예요!"

"당신이 뭘 알아요?"

"당신보다는 차에 대해 더 많이 알고 있어요."

"척척박사 나셨구먼."

"당신이 방금 5,000달러를 사기당했다는 사실도 알지요!"

"빌어먹을! 당신 일에나 신경 써요!"

"멍청한 XX야!"

순식간에 우리는 말다툼의 함정에 빠져 감정이 격해지고 혈압이 올라간다.

자, 이번에는 여러분의 의견을 고수하면서, 내가 무슨 말을 하든 내버려두는 상황을 상상해보자. 대화는 다음과 같이 진행될 것이다.

"차를 그렇게 싸게 팔다니 당신은 바보예요!"

"내가 바보라고 생각하세요?"

"물론이죠."

"음, 당신은 그렇게 생각하실 수도 있죠. 나는 그렇게 생각하지 않지만, 뭐 생각은 자유니까요."

대부분 상대방에게 자기 의견을 제시할 기회를 주는 것만으로도 말다툼을 피해갈 수 있다. 우리가 우리의 관점을 강요하지 않는 한, 상대방도 자신의 관점을 강요하지 않는다.

여기서 누군가는 "하지만 내가 옳은데 공격받는 상황이라면 가만히 앉아서 당하기는 억울해요. 나를 방어해야

죠!"하고 항변할지도 모르겠다. 왜 나를 방어해야 할까? 세상 모든 사람을 만족시키기란 불가능하다. 그러니 우리는 사람들의 생각을 바꾸려 그들을 설득하기보다 더 나은 일을 하는 데 시간을 쏟는 편이 낫다. 다시 한번 말하지만 그냥 사람들이 믿고 싶은 대로 믿도록 내버려두길.

한마디로

관심종자나 싸움꾼을 상대하는 경우, "누군가가 내 말에 동의하지 않는 상황에서 내가 할 일은 그 사람의 생각을 바꾸는 것이다"라는 생각은 버리고, "누군가가 내 말에 동의하지 않는 상황에서 내가 할 일은 그 사람을 그냥 내버려두는 것이다"라는 인생관을 지니자.

"내가 틀릴 수도 있다" 인정하기

○

"가능하면 다른 이들보다 더 현명해지되, 그 사실을 그들에게 말하지는 말라."

— 체스터필드 경Lord Chesterfield, 18세기 영국의 정치가이자 작가

사람들에게서 공격, 비난, 조롱, 구박을 받는 가장 확실한 방법 중 하나는 그들에게 "당신이 틀렸어요"라고 말하는 것이다. 사람들은 단지 그 말을 듣기 싫어할 뿐 아니라, 그런 말을 한 당사자까지 미워한다. 누구나 자기 말이 옳기를 바란다. 사람들에게 "당신이 틀렸어요"라고 말하

면, 그들은 그 말에 자신만의 해석을 덧붙인다. 그래서 사람들은 종종 "당신이 틀렸어요. 그러니 당신은 문제 있는 사람이에요"라는 의미로 받아들인다. 그러니 상대방이 우리의 관점이나 주장을 받아들이고 따르기를 원한다면, 다른 표현을 사용해야 한다.

"그렇게 생각하실 수도 있지만, 제 의견은 조금 다릅니다만……."

"하지만 제 경험으로는……."

"당신의 의견을 매우 존중하지만 이 문제에 관해서는 동의할 수 없습니다."

"당신은 그렇게 믿으실 수 있다고 생각합니다. 하지만 나로서는……."

사람들은 자신이 옳다는 것을 증명하기 위해 결투나 전쟁을 벌이거나 전 재산을 쓰기도 하고 살인까지 한다. 자신이 옳다는 사실에 대한 집착은 이처럼 무시무시하다. 그러니 원만하게 합의에 이르고 싶다면, 옳다거나 틀렸다고 하기보다는 '의견', '생각', '경험이 다르다'라는 말을 활용하기를 바란다.

내가 틀렸다고 인정할 때

아이러니하게도, 우리는 사람들에게 존중받고 싶어서 우리가 옳다고 주장하는데, 오히려 그런 행동을 통해 존중을 잃는다. 반면, 상대의 존중을 잃을까 봐 겁내며 자신이 틀렸다고 인정하는 경우에는 오히려 존중을 얻기도 한다.

자신이 틀렸다고 기꺼이 인정할 때, 사람들은 상대방의 용기에 감탄하며 상대방의 감정에 공감한다. 비록, 우리 대부분은 실수를 인정하기를 죽기보다 싫어하지만 말이다.

나도 내가 틀렸다고 인정하는 점에 있어서는 그리 뛰어난 편은 아니다. 하지만 더 능숙해지기 위해 노력 중이다. 이 장을 쓰면서 더 편안한 마음으로 실수를 인정할 수 있는 용기를 얻기를 희망한다. 하지만 나는 내가 틀렸을 때, 그 점을 인정하면 큰 안도감을 느낀다는 사실을 이미 알고 있다. 또 실수나 잘못을 인정한다고 해서 이 세상이 끝나지도 않으며, 내가 옳다고 고집할 때처럼 사람들이 나를 비꼬지 않는다는 사실도 알고 있다.

모든 사람이 옳기를 원하는 세상에서 상대방이 옳다고

인정할 준비가 된 사람이 인기가 있는 것은 당연한 결과이다. 사람들에게 네가 틀렸다고 말하는 행동은 적을 만드는 짓이지만, 자신이 틀렸다고 인정하는 행동은 우정을 위한 좋은 첫걸음이 된다.

모욕과 비난에서
자유로워지기

○

누군가가 불쾌한 행동이나 말을 할 때, 우리가 할 수 있는 대응에는 여러 가지가 있다. 상대방을 비난하거나 혹은 모욕하거나 당황스럽게 만들 수 있다. 아니면 문제를 해결하기 위해 노력할 수도 있다.

두 가지 방법을 동시에 사용하기는 힘들지만, 어떤 사람들은 시도해보기도 한다. 먼저 상대방에게 "당신은 참 배려심이 없고, 시간도 안 지키고, 쓸모없고, 무식하군요" 같은 말을 해서 그를 적으로 돌린다. 그러고는 자신에게 무언가를 해달라고 요청한다. "자, 지금 내가 당신을 모욕

했지만, 이제 내 돈을 돌려주고, 내 차를 고쳐주고, 예전처럼 나를 사랑해줘요!"

얼마나 효과적인 방법인지! 아무리 화가 나더라도 상대방을 공격하는 행동은 도움받을 기회를 날려버린다는 점을 기억해야 한다.

사람들과 대립하거나 가끔 싸우기를 좋아한다면 그렇게 행동해도 좋다. 하지만 원하는 결과를 얻기는 힘들 것이다. 우리가 상대를 공격하면, 상대는 우리를 무례하다고 생각할 뿐만 아니라 우리가 고생하기를 바랄 것이다. 그리고 우리에게 그의 도움이 필요한 상황이라면, 그 사람은 곧 그 바람을 이룰 것이다.

자동차를 길거리에 주차한 경우를 상상해보자. 주차된 차로 다시 돌아와 보니, 폭스바겐 한 대가 겨우 몇 센티미터 뒤에 바싹 주차되어 있다. 내 차의 앞 범퍼는 길가의 울타리에 거의 닿아 있어서 옴짝달싹할 수 없는 상황이다.

폭스바겐의 주인이 근처 사무실에 있다는 사실을 알고는 그곳으로 들어가 소리친다. "자동차를 저따위로 댄 사람이 누구예요?" 이때 상황은 어떻게 흘러갈까? 물론, 차 주인이 나와 상당히 유쾌한 태도로 폭스바겐을 옮길 수도 있다. 아니면 책상 밑에 숨어버리거나, 차 열쇠를 잃어버렸다고 말하거나, 단지 우리를 괴롭히려고 고의로 30분이 넘는 전화 통화를 할 수도 있다. 사람들에게서 최선의 태도를 끌어내고 싶다면, 확실치 않은 상황에서는 상대방이 선의의 소유자라고 믿어야 한다. 심지어 상대방이 사기꾼이라고 생각되어도 그 사람을 존중하며 조심스럽게 대해야 한다.

동네 가게에서 스테레오 오디오를 구입한 상황이다. 집에 돌아온 후, 영업사원이 약속보다 더 싼 앰프를 준 사실을 알아차린다. 그 사람이 사기꾼이며 의도적으로 우리를 속였다는 의심이 든다.

그가 정말 우리를 속였다 해도, 그를 사기꾼이라고 비난하는 행동으로는 아무것도 얻을 수 없다. 이미 그를 유죄로 판단했으므로, 그는 "당신이 나를 범죄자라고 불렀으니 내가 범죄자겠지!"라며 삐죽댈 것이다. 하지만 무죄 추정의 원칙에 따라 "잘못된 제품을 줘서 당황스럽겠어요"라고 말하면 그가 잘못을 바로잡을 가능성이 높아진다. 우리가 상대방을 좋게 봐주면, 상대방도 기대에 부응하기 위해 애쓴다.

상대방도 고의가 아닌 실수였는데 사기꾼이라는 비난을 받으면 기분이 좋지 않을 것이다. 두 경우 모두 어찌되었든 말을 조심하는 편이 좋다.

무죄추정의 원칙에 따라 행동해보았지만 아무 성과도 없었다면, 다음 전략은 '강경하게 대처하기'다. 하지만 강경하게 나가는 경우에도 인신공격은 금물이다. 상대방을 냉정하게 대하는 상황에서도 상대에 대한 존중은 갖춰야 한다.

대체로 사람들은 자신에 대한 기대에 기꺼이 부응하고자 한다. 우리가 사람들을 존중하고 잘 대해주면 사람들도 그 존중을 돌려준다. 상대방의 협조를 얻고 싶다면, 좋은 마음으로 상대방을 존중해야 한다. 그러면 대다수는 흔쾌히 우리를 도와줄 것이다.

모욕과 마찬가지로 우리는 흔히 남을 비난하는 실수를 저지른다.

비난에 대해 기억해야 할 점은 세 가지다.

× 비난은 효과가 없다.

× 자신을 비난하는 사람은 거의 없다.

✗ 우리가 사람들을 비난하면, 그들도 우리를 비난한다.

가끔 스스로 자기 잘못을 찾는 일은 괜찮지만, 다른 사람이 우리의 잘못을 끄집어내는 행동은 완전히 다른 문제다.

정말 웃기지 않은가? 우리가 스스로 자신의 태도나 부모, 얼굴이나 몸매, 친구, 사는 곳에 대해서 흠을 잡는 것은 괜찮지만, 다른 사람이 그래서는 안 된다는 점이!

비난은 분노를 불러오고 관계를 망치는 가장 빠른 방법이다. 우리의 자아는 너무나 연약해서 강한 비난을 들으면 망치로 때린 유리처럼 산산이 부서진다. 사람은 비난을 받으면, 자신을 정당화하고 상대방을 탓하며 화를 낸다. 때로는 그 자리를 벗어나려 한다.

사람들은 항상 자신에겐 아무 문제가 없으며 떳떳하고 결백하다고 생각하는 경향이 있다. 심리학자들은 잔인한 살인범과 범죄자들이 자기 탓을 하지 않는다는 사실에 주목한다. 근처 교도소에서 강간범이나 살인범 같은 중범죄자들과 면담해보면, 그들 대부분은 결백하다거나 누명을 썼다고, 아니면 둘 다에 해당한다고 주장할 것이다. 그리고 다른 사람 때문에 자신들이 이런 고생을 하고 있다고 한다. (살인자이자 으뜸가는 사회악으로 알려진 알 카포네도 자신은 사람들을 도우려 애쓴 죄밖에 없다고 한탄했다.)

살인자와 사기꾼도 자기 탓이 아니라고 말하는데, 고속도로에서 새치기하는 사람들이나 물건값을 지불하지 않는 고객들이야 말해 무엇하랴? 그 사람들도 자기 잘못이 아니라고 할 텐데! 무슨 짓을 했든, 대부분 사람은 자기에게는 아무 잘못도 없다고 생각한다. 이러니 비난이 전혀 효과가 없는 것도 당연하다.

게다가 비난은 파괴적인 방법이다. 일을 소홀히 한다고 비서를 비난하면 그는 자기 일에 더 게을러지기만 할 것이다. 오줌 싼 아들에게 비난을 퍼부어봤자 오히려 고질적인 야뇨증으로 악화될 것이다. 비난은 상대방의 의욕을 꺾고 오히려 분노와 성질만 돋운다. 결과적으로 더 많은 문제를 불러온다.

비난을 대신할 효과적인 해결 방법

그래도 굳이 한마디 하고 싶다면 칭찬으로 말머리를 열자. 내가 여러분에게 "정말 멋지세요. 머리도 깔끔하고 셔츠랑 바지도 예뻐요. 양말도 잘 어울리고요. 근데 신발이 좀 그러네요. 깨끗하게 닦으면 좋겠네요"라고 말해도 여러분은 별로 기분 나빠하지 않을 것이다. 오히려 내가 여러분의 편이라고 느낄 것이다.

칭찬은 쓴 약도 먹을 만하게 만드는 설탕과 같은 능력이 있다. 사람들은 기억력이 부족한 섬세한 생물이다. 아침에 아내에게 그녀가 인생의 빛과 같은 존재라고 말했더라도 점심에 그녀가 만든 스펀지케이크를 비판할 때는 조심하기를! 살아서 아내가 만든 스펀지케이크를 또 맛보고 싶다면, 케이크 맛을 평가하기 전에 구운 감자에 대한 열렬한 찬사를 먼저 표현하길 바란다.

칭찬할 때는 아첨이 아닌 진심 어린 칭찬을 하자. 누구에게나 고마운 점이나 칭찬할 점은 있기 마련이다. 그러니 상대방에게 진짜 칭찬을 선사하자. 진짜 칭찬은 구체적인 경향을 띤다. "그 전화 통화를 아주 잘 처리했어요. 침착함을 유지하는 모습이 좋았어요." 반면, 아첨은 일반적으로 두루뭉술하다. "당신은 훌륭한 비서예요"처럼. 사람들은 이 두 개의 차이를 구분한다.

기억을 되살리는 듯한 표현도 좋다. 우리의 자아는 명

령이나 단도직입적인 표현보다 넌지시 알려주는 표현을 훨씬 더 좋아한다. "존, 이미 아시겠지만……" 같은 표현은 상대방의 지능보다는 기억력에 의문을 제기하는 표현이다. 대부분 사람은 기억력이 안 좋다는 말보다 멍청하다는 말을 더 싫어한다. 그러므로 "예전에 같은 일을 하셨잖아요. 아마 잠깐 잊어버리셨나 봐요" 같은 문구가 유용하다. 또는 "당신도 이미 이 아이디어를 생각해보셨을 겁니다" 같은 표현도 목적을 달성하는 데 도움이 된다.

마지막으로, 우리 모두는 단점에서 자유롭지 않은 존재라는 사실을 인정해야 한다. 우리가 잘못을 지적할 때 상대방이 기분 나쁜 이유는 "내가 너보다 낫지"라는 뉘앙스를 풍기기 때문이다. "맨날 늦는군요!"라고 말하면 상대방은 즉시 머릿속 기억 창고를 뒤져 자신이 식사 약속이나 직장, 영화관, 수업 시간 등에 몇 번이나 지각했는지를 따져볼 것이다. 이제 상대방에게는 지각으로 인한 미안한 감정은 사라지고, 자신을 깔아뭉개는 말이 불러온 불쾌한 감정이 들이닥친다.

"내가 고치려고 노력하는 나쁜 습관 중 하나가 지각인데……. 당신도 자주 지각하는 습관이 있는 듯하네요"라

고 말하며 우리도 같은 문제가 있다고 털어놓으면, 상대
방도 우리의 말을 고깝게 받아들이지 않을 것이다.

한마디로

사람들과의 관계를 망치지 않고 자신의 의견을 전하고 싶다면, 상대방
의 자존심이 다치지 않도록 해야 한다. 솔직하고 긍정적인 태도를 갖
추고 다음과 같은 화법을 사용하자.

첫째, 비판이나 비난을 하기 전에 먼저 칭찬을 하자.

둘째, 직접적인 표현보다는 '기억을 되살리는 듯한 표현'을 사용하자.

셋째, 자신에게도 비슷한 단점이나 잘못이 있다고 인정하자.

넷째, 이미 지나간 일에 대한 지적보다는 앞으로 해야 할 일에 관해 이
야기하자.

원활한 소통을 위한
'질문' 이용하기

◦

앤드리아는 전화로 내게 열불을 터뜨렸다. "세미나 비용을 이미 다 냈는데 청구서가 왔어요. 지불할 게 더 이상 없다고 벌써 두 번이나 말씀드렸잖아요. 이것 때문에 나도 그렇고 우리 가족들도 화가 많이 났어요! 사업을 이런 식으로 하다니요! 어이가 없네요." 그녀가 무지하게 화를 냈다.

마침내 앤드리아가 수화기를 내려놓으려 하자, 내가 말했다. "'확인해보고, 다시 연락드리겠습니다. 전화 주셔서 감사합니다."

5분 후, 앤드리아가 매우 당황한 목소리로 다시 전화를 걸어왔다. "제 남편이 방금 수표 명세서를 확인했는데……. 음, 너무너무 당황스럽네요. 분명히 전액을 다 지불했다고 생각했는데 말이죠. 정말 죄송해요."

그녀는 공손히 사과하고는 미안함의 표시로 내게 초콜릿과 꽃까지 보내주었다.

베로니카는 크리스마스 선물로 토스터를 받았다. 그런데 사용한 지 일주일 만에 토스터가 고장이 났다. 몹시 화가 난 그녀는 전자제품 가게로 달려가 사과는 물론이고 위자료와 함께 새 제품으로 교환해달라고 요구했다.

직원은 토스터를 살펴보고는 한 가지 문제만 아니었으면 당연히 그렇게 해드렸을 거라고 대답했다. 바로 토스터가 건너편 가게의 상품만 아니었으면 말이다.

이 이야기들의 교훈은 정확한 정보가 가장 중요하다는 것이다. 입을 열기 전, 사실 파악이 우선되어야 한다. 집주인에게 욕을 하거나, 가게 주인을 협박하거나, 상사에게 분통을 터뜨리거나, 직원에게 으르렁거리기 전에, 먼저 모든 사실을 확실히 알아내야 한다.

사실 파악이 앞서면, 창피당할 위험이나 말실수를 예

방할 수 있다.

누구나 부당한 값을 요구당하면 항의하기 마련이다. 그런데 어떤 사람들은 이런 상황을 남들보다 더 잘 처리한다. 폴리는 정비공에게 전화를 걸어 이렇게 말한다.

"나한테 바가지 씌우고 있잖아요. 이 비열한 사기꾼. 나는 변속기를 교체해 달라고 한 적도 없는데. 고소할 거예요. 남편이랑 의논하기 전까지는 어떤 작업도 진행하지 말라고 했잖아요."

그러자 정비공이 대답한다.

"오늘 아침에 남편분과 이야기를 했습니다. 제게 그분이 직접 사인한 계약서가 있습니다."

폴리는 1분 만에 자신을 바보로 만들고 정비공을 적으로 돌렸다.

다시 한번 강조하지만 문제 해결의 첫 번째 단계는 사실 파악이다. 문제나 거래의 세부 사항에 대해 상대방의 생각과 기억, 의견을 확인해야 한다. 법정의 변호사처럼 미래에 유용할지도 모를 정보를 모아야 한다.

"당신이 내게 한 말이 기억나나요?"

"가격에 대한 우리의 대화를 기억하나요? 그때 뭐라고 하셨죠?"

"제가 지불한 영수증 기록이 있나요?"

"저한테 보낸 청구서를 확인하셨나요? 금액이 정확하다고 생각하시나요?"

종종, 몇 개의 날카로운 질문만으로 문제가 해결되기도 한다.

또, 사람들은 때때로 약속을 잊어버린다. 상대방이 잊어버렸다면 "음, 저는 기억해요. 300달러로 합의했어요. 여기 있어요"라고 말하면 된다.

그리고 가끔 청구서나 기록이 잘못되는 경우도 있다. 전투를 시작하기 전에 정중한 태도로 먼저 물어보자. 문제를 쉽게 해결하고, 당황스러운 상황을 피할 수도 있으니 말이다.

마찬가지로, 사람들이 약속을 어기거나 배달이 오지 않을 때도 최후통첩보다 먼저 질문을 하는 편이 바람직하다. "내가 부탁드린 것을 기억하시나요? ……뭐라고 약속하셨죠? ……이 일의 책임자는 누구죠?"

또 다른 유용한 질문은 "만약?"이다.

"계산서가 과다 청구되었다는 사실을 만약 내가 입증하면 어떻게 하실 건가요?"

"만약 그쪽에서 실수한 거라면 요금을 안 내도 되나요?"

오히려 똑똑한 사람들이 멍청한 척 더 많은 질문을 한다는 점을 알아야 한다. 말을 할 때는 아무것도 배울 수 없다. 상대방이 말하도록 내버려두고 우리는 듣는 편이 좋다.

다음을 알아보자.

첫째, 상대방이 무엇을 알고 있는지.

둘째, 상대방이 어떻게 생각하는지.

셋째, 상대방이 무엇을 할 것인지.

위의 사항은 모두 우리가 입을 열기 전에 먼저 알아내야 할 것들이다.

이 밖의 유용한 질문은 다음과 같다.

"여기에 대해 어떻게 생각하세요?"

"당신이 나라면 어떻게 생각할 것 같나요?"

"당신이 나라면 어떻게 하겠어요?"

질문을 통해 의견 말하기

해고를 즐기는 사람은 없다. 그래서 전략이 필요하다. 누군가를 해고하거나 징계해야 할 때 가장 좋은 방법은 질문을 사용하는 것이다.

내 친구 찰리는 의사소통에 매우 능하다. 그 친구의 예전 비서 제니는 태도가 불손해서 같은 사무실에서 일하는 찰리의 아내와 자주 다투고는 했다. 그래서 찰리는 비서를 해고하기로 마음먹었다. 통보 과정에서 제니가 해고의 이유를 받아들여 가능한 한 아무 문제 없이 면담이 끝나기를 바랐다. 나중에 그가 내게 들려준 비서와의 대화는 질문을 능숙하게 사용해 자신의 생각을 잘 전달한 훌륭한 예라고 할 만하다.

"제니, 여기서 일하는 동안 당신의 태도가 어땠다고 생각하나요?"

"아주 좋지는 않았죠."

"예전에도 태도에 관해 이야기한 적 있죠. 그렇죠?"

"예. 그게 남편이 집에서 저를 괴롭혀서요."

"사적인 일을 직장에 끌어들여야 할까요?"

"그래서는 안 되죠."

"직장에서 내 아내와 많은 갈등이 있었죠?"

"그랬죠."

"그 문제가 나아지고 있다고 생각하나요?"

"그렇지는 않은 것 같아요."

"말해보세요. 내가 즐거운 일터와 행복한 결혼 생활을 바라는 상황이라면, 누구를 내보내야 할까요?"

"어…… 저요?"

"당신도 당신이 나가야 할 것 같나요?"

"네."

"그럼, 우리 의견이 일치했네요."

"네, 제가 그만두는 게 좋겠네요."

제니는 사직서를 냈다. 찰리는 그녀를 공격하거나 비난하지 않았다. 단지 질문을 능숙하게 사용해 그녀에게 자신이 그만둬야 한다는 사실을 깨닫게 했다.

예술 같은 말솜씨다. 다만, 뻔한 질문을 해서는 안 된다. 이를테면, "내가 당신을 해고했으면 좋겠어요?" 같은.
자신이 원하는 바를 전달하려면 상대방이 질문에 어떤 대
답을 내놓을지 어느 정도는 예상할 수 있어야 한다.

한마디로

사람 사이 상호작용의 대부분은 협상의 일종이므로, 항상 질문으로 시
작하는 전략을 기본 원칙으로 삼아야 한다. 그래야 당황스러운 상황에
처하지 않고 당당하게 원하는 것을 주장할 수 있다.

질문을 통해 우리의 의도대로 상대방이 생각하도록 유도해야 한다. 상
대방이 어떻게 생각해야 하는지를 직접 말해주는 것보다 더 세련되고
효과적인 방법이기 때문이다.

화내지 않고
원하는 것을 얻는 법

◦

사람들에게 실망해서 화를 내는 일 자체는 잘못된 일이 아니다. 화를 낼 수 있다는 것은 건강한 능력이다. 하지만 화나 잔소리를 이용해 상대방에게 동기를 부여하려는 생각은 잘못된 생각이다.

배우자, 친구, 직원, 심지어는 자녀도 우리가 직접적인 행동을 취하기 전까지는 우리의 지시를 못 들은 척하거나 의도적으로 무시한다. '직접적인 행동'이란 체벌, 해고, 결별, 훈육, 벌금, 권리 몰수 등을 뜻한다.

사람들은 우리가 진심이라는 것을 알기 전까지는 우리

의 말을 무시하는 경우가 많다. 마침내 우리는 직접적인 행동에 나서기로 결심하고는 소리치며 화를 낸다. 그러면 상대방이 듣는 시늉이라도 하기에 우리는 소리를 지르는 행동이 효과 있다고 생각하게 된다.

엄마가 윌리에게 자기 방 정리를 부탁한다. 윌리는 엄마가 아직 진지하지 않다고 생각하고는 꼼짝하지 않고 계속 배트맨 영화를 시청한다.

엄마가 다시 말한다. "윌리, 네 방 좀 정리하렴." 윌리는 과거의 경험으로 보아 이런 엄마의 말을 적어도 45분간 더 무시할 수 있다는 사실을 안다.

엄마가 세 번째로 말한다. "윌리, 너 지금 당장 방 정리해." 윌리는 엄마의 화가 중간 정도 찼다고 판단하고는 "최소한 5분은 더 배트맨을 봐도 될 거야"라고 생각한다.

"윌리, 방 정리하라니까!"

윌리는 "엄마가 엄청 화가 났네"라고 생각하지만 "아직 위험할 정도는 아니야"라고 결론 내린다. 윌리는 망토를 두른 영웅과 여전히 함께한다. 엄마의 참을성이 바닥나기 시작한다. 윌리는 계속 엄마의 눈치를 본다. 엄마의 얼굴이 붉어졌지만 아직 큰 소리가 나오지는 않았다. 그는 엄마가 폭발하기 전까지 2분 정도 남았다고 생각한다.

1분이 지나고 엄마가 커다란 나무 주걱을 휘두르며 거실로 들어온다. 엄마는 주걱을 흔들며 목청을 높여 소리친다. "지금 당장 네 방으로 들어가. 아니면 흠씬 맞을 줄 알아."

윌리는 엄마의 말이 끝나기가 무섭게 얼른 일어난다. 엄마가 주걱을 들고 있다. 엄마가 행동에 나선 것이다. 마침내 자신의 위협을 실행에 옮기고 있다. 이제 윌리는 매우 겁이 난다. 심지어는 약간의 감명까지 받는다.

윌리의 엄마는 결국 원하는 결과를 얻지만 '이 집구석에서는 협조를 얻으려면 결국 큰소리를 내는 수밖에 없네'라고 생각한다. 하지만 이 만족스러운 결말은 사실 큰소리가 아니라 주걱 덕분이었다.

그녀는 다른 방법을 택할 수도 있었다. 처음부터 윌리의 눈을 똑바로 바라보며 "윌리, 지금은 오후 4시 14분이야. 오후 5시 30분까지 네 방 정리를 마치렴. 다시 말하지는 않을 거야. 화를 내거나 목소리를 높이지도 않을 거야. 부엌 시계로 5시 30분까지 방 정리를 끝내주면 정말 고맙겠구나. 그렇지 않으면 벌로 일주일 동안 TV를 못 보게 할 거야. 알겠니? 다른 질문 있니?"

윌리의 엄마가 자기가 한 말을 지킨다면 윌리는 금세 올바른 행동 양식을 배울 것이다. 하지만 늘 그랬듯 윌리가 방을 정리하지 않았는데도 TV 시청을 금지하지 않으면, 그녀는 다시 주걱을 들고 소리를 지르는 과거의 방법으로 돌아가야 할 것이다.

원하는 결과를 얻는 사람들은 자기가 한 말을 지키는 사람들이다. 그들은 항상 말한 대로 행동할 준비가 되어 있다.

우리가 경찰의 말에 복종하는 이유는 그러지 않을 때 일어날 일, 즉 경찰은 자신이 한 말을 행동으로 옮긴다는 점을 잘 알기 때문이다. 경찰은 소리치지도 울지도 않는다. 경찰은 바닥에 쓰러져 바닥을 쾅쾅 두드리며 소리 지르고 징징거리며 "오늘 벌써 17번이나 말했어요. 이제 정말 정말 정말 마지막으로 말하는데, 남의 물건을 훔치지 마세요"라고 말하지 않는다. 대신, 그들은 "남의 물건을 훔치면 체포됩니다"라는 메시지를 행동으로 보여줄 뿐이다.

존중받으며 원하는 바를 얻는 사람들은 자제력이 있

다. 총리, 경찰, 장군, 판사는 큰소리를 치거나 으르렁 대서는 사람들을 바꿀 수 없다는 사실을 잘 알고 있다.

한마디로

우리는 때때로 참지 못하고 큰소리를 낸다. 그 때문에 우리는 큰소리가 상대방을 움직이게 했다고 믿는다. 하지만 그렇지 않다. 사람들은 커다란 목소리가 아니라 우리가 하는 행동을 보고 우리의 말을 진지하게 받아들인 것이다.

원활한 소통에
꼭 필요한 '규칙'

。

  인생도 하나의 게임이니만큼 사람들에게 규칙을 알려줄 필요가 있다.

  프레드와 아들 조니 사이에는 한 가지 문제가 있다. 프레드는 조니에게 매주 쓰레기를 내놓으라고 자주 말해야 한다. 조니가 종종 그 일을 거르기 때문이다. 그럴 때마다 프레드는 우왕좌왕하며 고민에 빠진다. "체벌을 해야 하나…… 자기 방에서 자숙하라고 해야 하나…… 용돈을 끊어야 하나…… 아니면 진지하게 대화를……?"

  줄리에게도 비슷한 고민거리가 있다. 줄리는 자주 비

서 캐런에게 퇴근 전까지 타이핑을 끝내달라고 부탁해야 한다. 합당한 업무 지시라는 사실을 알면서도 캐런은 제시간에 타이핑을 끝낸 적이 한 번도 없다. 줄리는 난처하지만, 별다른 수가 없다. 캐런을 해고하거나 매번 화를 낼 수도 없으니까. 줄리는 회사 내 인간관계를 원만하게 유지하고 싶기에 이런 상황을 어떻게 처리해야 할지 몰라서 혼란스럽다.

두 가지 다 관계를 악화시키는 상황이다. 우리를 실망시킨 사람들을 훈계하는 경우, 상대방은 기분이 나빠진다. 게다가 많은 경우 상대방은 우리를 못되고 불공평하며 불합리한 사람으로 여기기까지 한다.

직접적으로 알려주자

일반적인 해결책은 자녀나 비서에게 '무엇을 원하는지, 실행하면 어떻게 되는지, 실행하지 않으면 어떻게 되는지'를 미리 알려주는 것이다. 이때 친절한 태도로 알려주어야 한다. 프레드가 조니에게 어떻게 말하는지를 보자.

프레드: 조니, 쓰레기 버리는 일에 관해 얘기 좀 하자구나.

조니: 네?

프레드: 우리 집에서는 누구나 집안일을 해야 해. 네 일은 쓰레기를 내놓는 거야. 알겠니?

조니: 네.

프레드: 매주 쓰레기를 버려줬으면 좋겠다. 그렇게 할 수 있겠니?

조니: 네.

프레드: 네가 그 일을 하면, 우리 집은 늘 상쾌하고 깨끗한 상태일 거야. 또, 너는 용돈도 계속 받을 거야. 버리지 않은 쓰레기 때문에 내가 너한테 화를 내는 일도 없겠지. 무슨 말인지 알겠니?

조니: 네. 이제 가도 돼요?

프레드: 아니, 아직 할 말이 남았다. 네가 맡은 일을 하지 않으면, 그 주에는 용돈을 못 받을 거야. 너를 사랑하지 않거나 내가 심술부리고 싶어서 그러는 게 아니라는 점을 알아줬으면 좋겠어. 우리 집 규칙이 그렇거든. 할 일을 했을 때와 안 했을 때의 차이일 뿐이란다.

조니: 알았어요.

프레드: 그러면 말해봐라. 조니, 쓰레기에 대한 우리 집 규칙이 뭐라고?

조니: 쓰레기를 내다버리면 계속 용돈을 받아요.

프레드: 안 버리면?

조니: 용돈을 못 받아요.

프레드: 좋아. 규칙에 대해 다른 질문이 있니?

조니: 아니요.

프레드: 그래, 헷갈리지 않게 미리 알려주고 싶었단다.

이제 프레드는 몇 가지 규칙을 세웠기 때문에 삶이 훨씬 편해질 것이다. 조니와의 갈등을 두려워하지 않는 한, 쓰레기는 제때 버려질 것이고 아들의 존경도 받을 것이다. 조니가 쓰레기를 버리지 않으면, 프레드는 조니에게 용돈으로 줄 돈을 저축하거나 옆집 아이에게 주고 쓰레기 버리는 일을 시킬 수도 있다.

줄리도 비서 캐런에게 같은 방법을 쓰면 된다.

줄리: 퇴근할 때까지 이 편지들을 전부 타이핑해 주세요.

캐런: 알겠습니다.

줄리: 5시 30분까지 끝낼 수 있을까요?

캐런: 네.

줄리: 중요한 일이니까, 그때까지 마쳐주면 고맙겠어요.

캐런: 알겠습니다.

줄리: 캐런, 퇴근 전까지 이 편지들을 타이핑해야 한다는 점을 숙지하길 바라요. 5시 30분까지 다 하지 못하면, 남아서라도 끝마쳐야 해요. 잘 알아들었나요?

캐런: 네.

우리는 많은 부모와 상사가 온갖 종류의 곤경에 처하는 모습을 본다. 미리 규칙을 정하지 않았거나 문제가 생겼을 때 마음이 약해져 미리 정한 규칙을 따르지 않았기 때문에 생긴 결과라고 할 수 있다.

예를 들어, 엄마가 아이들을 해변에 데려간 상황을 생각해보자. 오후 5시가 되자 엄마가 말한다. "집에 가자."

그러자 아이들이 "조금만 더 놀래요!" 하고 대꾸한다.

5시 15분이 되어 엄마가 다시 말한다. "이제 집에 가자."

다시 아이들이 대답한다. "조금만 더요."

5시 25분에 엄마가 말한다. "이제 진짜 가야 해!"

5시 45분이 되고, 아이들은 보이지 않는다. 결국, 엄마와 아이들은 6시 30분이 되어서야 해변을 떠난다. 이때 엄마는 자문한다. "이 썩을 놈들이 나한테 왜 이러는 걸까?"

하지만 실상은 전부 그녀가 자초한 결과다. 그녀는 자신의 말이 진심이 아니라는 것을 아이들에게 몸소 보여주고 있다. 그녀는 "이제 갈 거야!" 하고 말하면서도 자리에서 꼼짝도 하지 않았다. 게다가 아이들은 엄마가 마음이 약하다는 사실을 알고 있다.

그러면 그녀는 어떻게 해야 할까? 4시 50분에 아이들에게 "10분 후에 떠날 거야. 5시에 차에 타고 있지 않으면 두고 갈 거야"라고 말해야 한다. 그리고 5시가 되면 아이들이 있든 없든 차를 출발해야 한다. 아이들이 엄마의 말이 진심이라는 사실을 깨닫기까지 얼마나 걸릴까? 장기적인 관점에서 삶을 편하게 만들고 싶다면, 상대방에게 진지하고 강한 모습을 보여줘야 한다.

마트에서 아이들과 부모의 모습을 한번 관찰해보라!

많은 것을 배울 수 있을 것이다.

빌리: 초콜릿 먹고 싶어요.

아빠: 너는 지금 초콜릿 먹으면 안 돼.

빌리: 한 개만 먹고 싶어요.

아빠: 하나도 먹으면 안 돼.

빌리: 먹고 싶어.

아빠: 먹으면 안 돼.

빌리: (소리 지르며) 한 개만!

아빠: 안 돼!

빌리: (발을 구르며 울며 소리친다) 사줘, 사줘, 초콜릿 사줘. 초
      콜릿 먹고 싶어.

아빠: 자, 여기 있다.

아빠가 주는 메시지는 "네가 충분할 정도로 소리를 지
르면, 네가 원하는 것을 줄게. 내가 '안 돼'라고 말할 때도,
네가 충분히 소리 지르면 이길 수 있어. 망나니처럼 행동
하면 항상 원하는 것을 얻을 수 있어"이다.

빌리에게 '버릇없이 굴어서 원하는 것을 얻는 방법'에

대해 가르친 아빠는 왜 아들이 이렇게 떼를 써서 자기를 힘들게 하는지 계속해서 궁금해한다.

그럼, 이 아빠는 어떻게 해야 할까? 처음부터 빌리에게 단호하게 말해야 한다. "오늘은 초콜릿을 사주지 않을 거야. 발을 구르고 소리치고 벽에 주먹을 날리고 숨을 참아도, 초콜릿은 못 사줘. 떼쓰고 싶으면 쓰려무나. 하지만 초콜릿은 안 돼." 빌리는 곧 아빠의 메시지를 알아들을 것이다. 아이들은 빨리 배운다.

약속받기

사업가들 사이에는 "내 말은 소용이 없다. 고객이 한 말만이 사실이 된다"라는 말이 있다. 즉, 사람들은 자신이 직접 말한 약속이 아니면 지키지 않는다는 뜻이다.

뭐라고? 우리가 딸에게 "11시까지는 집에 오면 좋겠구나"라고 말해봤자 아무 소용이 없다는 뜻이다. 어쩌면 딸이 "부모님이 내가 그때까지 집에 오기를 바라시는구나!"라고 생각할 수도 있지만, 거의 대부분은 "그런 말은 못 들었어요"라고 할 것이다.

그래서 한 걸음 더 나아가, 그 점에 대해 딸에게서 꼭 대답을 들어야 한다. 딸의 얼굴을 똑바로 마주하고서 눈을 바라보며 주의를 집중시킨 다음, 물어보아야 한다. "그렇게 할 거지?" 확실한 약속을 받아내야 한다. 모든 협상에서 이 방법을 쓸 수 있다. 상대방에게 "살 건가요? 끝낼 건가요? 제시간에 올 건가요?" 하고 확실히 물어보자.

때로 우리는 상대방이 "싫다"고 대답할까 봐 두려워 확실한 약속을 받아내길 꺼린다. 나약하게 굴지 말자.

한마디로

사람들은 약간의 틈만 있어도 핑곗거리를 찾아낸다. 그러니 안 그래도 힘겨운 삶을 조금이라도 더 쉽고 편하게 살고 싶다면, 또 사람들이 우리가 원하는 대로 행동하게 하고 싶다면, 다음의 규칙을 따르자.
첫째, "내가 원하는 것은 이것이다. 그리고 행동에 따른 결과는 이러하다"라고 상대방에게 먼저 알려주자.
둘째, 상대방이 내 말을 이해했는지를 확인하자.
셋째, 상대방이 그럴 준비가 되었는지를 확인하고, 꼭 대답을 듣자.
넷째, 미리 정한 규칙을 확실하게 지키자.

실수에서
배우기

○

늦은 시간, 해리가 직장에서 집으로 돌아왔다. 그의 아내는 식탁 위에 음식 접시를 쾅 내려놓으며 소리친다. "도대체 어디 있었던 거야? 늦었잖아!" 해리는 결혼생활 28년간 늘 퇴근이 늦었다. 그래서 해리의 아내는 28년 동안 그의 늦은 퇴근에 화를 냈다. 그녀가 소리치면 그는 부루퉁해진다.

이 부부는 결혼한 지가 벌써 28년이었다. 그래서 나는 둘이 어느 순간 의사소통과 인간관계에 대해 배우기를 관둔 듯한 느낌을 받았다.

여기서 질문 하나, 이 부부는 그렇게 긴 시간 함께 살아오면서 인간관계에 대해 배운 것이 하나도 없단 말인가? 해리의 아내는 남편이 제시간에 집으로 오기를 원한다면, 지금보다는 더 나은 방법을 찾아야 하지 않을까?

그녀가 "여보, 당신이 제때 와서 정말 기뻐. 당신이 늦을 때마다 나는 당신이 너무 보고 싶거든!"이라고 말했다면 어땠을까? 상황이 좀 달라지지 않았을까?

나이가 들수록 행복을 얻는 기술 또한 더 능숙해져야 한다. 가족과 잘 지내는 능력을 갈고닦아 세월이 갈수록 더 행복해지는 소수의 사람이 되어보면 어떨까?

사이가 좋기를 바란다면, 절대 해서는 안 되는 행동들이 있다. 배우자를 향해 물건을 던지는 행동도 그중 하나이다. 하지만 그 밖에도 관계를 좀먹는 미묘한 일들은 많이 존재한다.

배우자를 향해 다음과 같이 말하는 행동을 포함해서.

"어디 갔었어?"

"도대체 뭐 하는 거야?"

"당신은 맨날 늦잖아!"

"당신 탓이야."

"당신은 게으르고, 무식하고, 이기적이고, 형편없는 사람이야."

이런 말은 관계에 나쁜 영향을 미친다. 우리는 과거의 경험을 통해 깨달음을 얻어 똑같은 실수를 반복하지 않아야 한다.

이를테면, 누군가가 계속해서 지각하는 경우, "나는 당신과 함께 있는 시간이 참 즐겁기 때문에 당신이 늦으면 너무 아쉬워요. 게다가 한편으로는 나에 대한 배려가 부족한 듯이 느껴져서 기분이 상해요"라고 표현하면 좋다. 상대방이 우리를 기쁘게 해주고 싶도록 유도해야지, 집이 싫어지도록 자극해서는 안 된다. 그런데 대개는 기분이 상한 배우자가 잔소리를 시작하면 귀가가 늦은 배우자는 잔소리가 듣기 싫어 점점 더 늦게 집에 오는 악순환이 시작된다.

로버트의 아내는 로버트가 늦게 귀가할 때마다 매우 퉁명스럽게 굴었다. 어느 날 저녁, 로버트는 사무실에서 아내에게 전화를 걸어 저녁 식사에 맞춰 집에 도착하기가 어렵겠다고 말하며, 자기 몫의 저녁 식사는 오븐에 넣어

달라고 부탁했다. 그런데 놀랍게도 아내는 순순히 그러겠다고 대답했다. 로버트는 집에 가서야 왜 아내가 그토록 즐거운 목소리로 저녁 식사를 오븐에 넣겠다고 대답했는지 알게 되었다. 그날의 저녁 식사는 바로 샐러드였다.

지금까지의 내용은 아주 기초적인 의사소통 기술이다 보니 이미 알고 있는 내용일지 모른다. 하지만 가끔은 기본을 다시 훑어보는 것이 도움이 된다.

한마디로

인간관계는 시간이 지날수록 점점 더 좋아지는 것을 목표로 해야 한다. 인간관계는 사업과 같기 때문이다. 좋아지거나 나빠지거나 둘 중 하나이지, 현상 유지란 없다. 상황이 좋아지지 않는다는 말은 우리가 살면서 배운 것이 아무것도 없다는 뜻이다. 그러므로 상황을 개선하고 싶다면, 실수에서 깨달음을 얻을 수 있어야 한다.

기대와 기대치를
상황에 맞게 조정한다

○

1960년대 후반, 하버드 대학교의 로버트 로젠탈Robert Rosenthal 박사가 캘리포니아의 한 학교에서 실험을 진행했다. 이 학교의 교장은 학기가 시작될 때 세 명의 교사를 교장실로 불러 이야기했다.

"지난 3, 4년간 여러분의 수업은 참 훌륭했습니다. 확실히 여러분은 우리 학교 최고의 교사들입니다. 그래서 보상으로 여러분은 올해 우리 학교에서 가장 똑똑한 30명의 학생으로 구성된 학급을 맡게 될 겁니다. IQ와 학구열을 기준으로 선발된 학생들입니다. 평소처럼 아이들을 대하고 가르쳐주기 바랍니다. 학생이나 학부모에게는 그들이 특별한 학생들이라고 말하지 말아주세요."

학기 말, 이 세 학급의 학업 성취도는 해당 학군에서 선두를 차지했으며, 학년 평균보다 무려 20~30퍼센트가 높았다.

그러자 교장은 교사들에게 "사실 여러분의 학생들은 학업 능력에 따라 선발된 것이 아니라, 무작위로 선발된 학생들입니다"라고 폭탄 발언을 했다. 깜짝 놀란 교사들이 학생들의 뛰어난 성적은 자신들의 능력 덕분이라는 결론을 내리려던 찰나, 두 번째 폭탄 발언이 이어졌다. 교사들 역시 무작위로 선발되었다는 것이다.

교사들은 자신을 능력 있다고 믿었다. 또, 아이들도 뛰어난 모습을 보여주리라 기대했으며, 아이들은 그 기대가 옳았음을 증명했다.

이 이야기가 주는 교훈은 사람들, 이를테면 우리의 자녀나 형제, 비서, 우리가 가르치는 축구팀 아이들, 심지어 우리의 배우자까지도 우리의 기대에 따라 행동하는 경향이 있다는 사실이다. 만약 열정이 없는 팀을 가르치고 있다고 생각한다면, 그 팀은 경기에서 패배하는 모습을 보여줌으로써 코치의 생각이 옳았음을 증명할 것이다. 상대방을 믿으면, 상대방도 자신을 믿게 되며, 결과적으로 그 믿음이 옳았음을 증명할 것이다.

이제 누군가가 항의할지도 모르겠다. "그런 건 누구나 아는 사실입니다. 칭찬과 격려의 중요성에 대해 언급하지 않는 육아서나 인사 관리에 관한 책은 없어요." 사실이다. 이런 내용에 관해 말하는 책은 많다. 하지만 이 진리를 진정으로 깨달은 사람은 거의 없다. 정말로 깨달았다면, 이미 실생활에서도 많은 이가 실천했을 것이다. 하지만 지금까지의 인생에서 우리가 흥미진진한 미지의 경지로 나아가도록 격려하거나 용기를 북돋아 준 교사나 상사를 몇 명이나 만나보았는가?

로젠탈의 실험 결과는 우리 모두에게 생각할 거리를 준다. 사람들에게 스스로가 예전보다 얼마나 발전해왔는지 알 수 있게 도와주면, 사람들은 성공을 기대한다. 자신의 성과를 직접 인지하는 일은 종종 어렵기 때문이다. 신입사원을 한쪽으로 데려가 이렇게 말해보자.

"짐, 고작 일주일 만에 자네는 직무에 대해 감을 잡아가고 있군. 아직 초기이긴 하지만 자네의 능력과 인성을 보아하니 1, 2년 안에 이 부서를 이끌 인재인 듯하네. 앞으로가 더욱 기대되는군."

짐의 마음속에 더 큰 가능성에 대한 그림이 그려진다. 짐이 자신을 성공할 수 있는 사람으로 생각하게 하자. 물론 칭찬도 중요하지만, 사람들이 자기의 미래에 대해 자신감을 품게 하려면 칭찬 이상의 것이 필요하다. 구체적인 미래를 눈앞에 그려줘야 한다.

"아들, 네가 수학 때문에 힘든 것 알아. 하지만 매일 밤 30분만 더 문제 풀이에 힘쓰는 모습을 상상해보렴. 그럴 의지만 있으면, 다음 학기에는 전부 A를 받을 수 있을 거야. 그러면 기분 좋겠지?"

서로를 받아들이는 자세가 중요하다

사람들은 과거의 인간관계에서 종종 실망스러웠던 순간에 관해 이야기하고는 한다. "그녀가 그런 짓을 하기 전까지, 나는 그 애의 가장 친한 친구였어요", "그가 나를 실망시켰어요", "그녀는 나를 동등하게 대하지 않았어요" 등등.

우정에서 바라는 바가 무엇인지를 알고 그 기대가 합

리적이라면, 실망할 가능성은 낮아질 것이다.

내게는 제임스라는 친구가 있었다. 제임스는 내가 아는 사람 중 가장 책임감이 없으며 늘 지각을 일삼았다. 오랫동안 나는 그의 그런 단점 때문에 괴로워했다. 그러다 마침내 제임스는 제임스라는, 그는 그렇게 생겨먹었다는 깨달음에 번쩍 눈을 떴다. 엄청나게 호감 가는 사람이면서도 아주 무책임한 사람.

그가 지닌 삶의 방식을 바꾸는 일은 내 일이 아니었다. 나는 그저 우리의 우정에 대한 기대치를 조정하는 편이 나았다. 좀 더 수용적인 태도를 취할 필요가 있었다. 그는 함께 있기에 재미있는 사람이었다. 끝내주는 대화 상대였으며 재치 있고 관대했다. 그의 관심사는 오토바이에서 수족관, 사진에서 벽돌쌓기까지 폭넓었다.

나는 더 이상 약속에 연연하지 않았고 혹시라도 만나게 되면 그 상황을 뜻밖의 선물처럼 여겼다. 제임스의 행동에 대한 기대치를 낮춘 후로 우리는 훨씬 더 좋은 시간을 보냈고 우리 사이의 갈등은 줄어들었다. (마지막으로 내가 그의 소식을 들었을 때 제임스는 모든 사람이 약속에 느긋한 열대의 섬에 살고 있었다.)

부자 관계를 예로 들어보자. 아들은 "아빠는 항상 나를 어린애처럼 취급해요. 왜 나를 성인으로 봐주지 않을까요?"라고 묻는다.

왜일까? 아빠에게 아들은 언제나 어린아이이기 때문이다. 어쩔 수가 없다. 아버지들은 항상 아들보다 나이가 많으니까! 아버지란 그런 존재이다. 쉰 살이 된 아들을 여전히 어리다고 생각하는 사람들! 하느님이 아담이 만들었을 때부터 아들들은 이런 문제를 겪어왔다. 하지만 관계에서 어쩔 수 없는 점이 있다는 사실을 받아들이고 기대치를 조정하면 아무런 문제가 아니게 될 것이다.

또, 모든 우정은 각기 다르다. 상사와의 관계가 동료와의 관계와 다르듯이, 의사에게 상담하는 내용과 회계사에게 상담하는 내용이 다르듯이 말이다. 사람마다 가치관과 경험, 입장이 다르며, 이런 요소는 우정에 영향을 미친다.

마지막으로 우정에서 내가 원하는 것과 친구가 원하는 것이 다를 수 있다는 점을 명심해야 한다. 상대를 자세히 관찰하면 알 수 있을 것이다. 사람들은 늘 자신의 욕구와 필요를 암시하는 실마리를 무수히 흘린다. 그래도 무슨 의미인지 모르겠다면 구체적으로 말해달라고 요청하면 된다. 대화한 보람이 있을 것이다.

사람들에게 그들이 원치 않는 일을 하도록 만들기는 거의 불가능하다. 하지만 누구나 성공하고 인정받는 느낌을 원한다. 그러니 사람들마다 의 가치와 잠재력을 인정해주자. 구체적인 칭찬을 던지며 상대방에게 성취 가능한 목표와 그렇게 생각하는 이유를 알려주자. 사람들은 그 기대에 부응할 것이다.

예절이
친구를 만든다

○

우리는 가족과 교사들로부터 매너의 중요성에 대해 귀에 못이 박히도록 들으며 자랐다. "예의 바르게 굴어라. 감사 인사를 해라. 머리를 단정하게 빗어라. 테이블 위에 발 올리지 마라. 입에 음식이 있을 때는 말하지 마라. 밥을 마구 입에다 퍼 넣으면 안 돼! 그건 젓가락이지 지휘봉이 아니야. 다음부터는 손수건을 써!"

부모가 우리를 제대로 키웠는지나 올바른 매너가 무엇인지 아는 것이 왜 그렇게 중요한지 의아할 것이다.

좋은 매너는 무언가를 증명하기 위한 것이 아니라, 함

께 있는 사람들에게 편안한 느낌을 선사하기 위한 것이다. 상대방을 존중하는 마음이 겉으로 드러난 결과라고 할 수 있다.

따라서 사람들에게 좋은 이미지를 주려 유행하는 디자인의 청바지를 입을 필요도, 스웨덴산 크리스털 잔에 샴페인을 대접할 필요도 없다. 성공적인 저녁은 수프를 오른쪽에서 제공하는지 왼쪽에서 제공하는지에 달려 있지 않다.

물론, 매너는 단지 한 사람의 일부분일 뿐이며, 어떤 의미에서는 겉모습에 불과하다고 할 수 있다. 하지만 매너를 지키는 일은 여전히 중요하다. 과장해서 말하자면, 나쁜 매너는 그 사람의 장점까지 가린다. '그 남자는 돼지처럼 많이 먹는다(비록 아주 너그러운 성품이긴 하지만), 그녀는 정식 만찬에 티셔츠를 입었다(비록 아주 재미있는 이야기를 들려주지만), 저 부부의 옷차림은 다소 예절에 어긋난다(비록 그들의 집은 웃음으로 가득하지만)' 같은 소문을 생각해보라.

다만, 매너를 갖추기 위해 표면적인 문제에 지나치게 집착하는 것에는 주의할 필요가 있다. 친구에게 상사에 관해 물어보았는데 그녀가 "음, 그는 키가 크고 갈색 머리에 롤렉스시계를 차고 있어. 집도 좋고, 음식에 대해서도 잘 알아. 닮은 사람으로는……"이라고 대답하면 답답하지 않겠는가? 언제나 본질이 중요하다. 그는 재미있는 사람인가? 조각이 취미인가? 한가한 시간에는 무엇을 하는가? 친절한 사람인가?

생활 양식이란 무엇인가?

생활 양식은 스타일의 다른 말이다. 그리고 여기에는 절제가 중요하다. 예를 들어보자.

부유한 섀퍼 가문의 외아들과 결혼한 애그너스는 시할머니가 돌아가시자 가문의 보석들을 물려받는다. 애그너스는 중산층 출신이기에 가족과 친구도 모두 중산층에 속한 사람들이다. 갑자기 엄청난 부자가 되고 값비싼 보석도 갖게 된 애그너스는 새로 얻은 부(富)를 과시하고 싶은 유혹에 빠질지도 모른다.

하지만 애그너스는 절제된 생활 양식의 장점을 잘 알고 뛰어난 스타일을 지닌 여성이다. 그래서 섀퍼 가문의 모임에 모든 친척이 오래된 다이아몬드로 치장하고 나타날 때 애그너스는 우아한 의상을 차려입고 단정한 진주목걸이와 진주 귀걸이만 착용한다. 모든 사람이 그녀가 물려받은 보석을 주렁주렁 달고 오리라 생각했지만 말이다. 그녀는 부에 관해 경쟁하지 않는 길을 선택했다. 그 결과 어떻게 됐을까? 애그너스는 사람들로부터 존경을 얻어냈다.

좋은 생활 양식은 과시보다는 절제를 선택하는 것이다. 나의 삶은 누군가와의 경쟁이 아니다. 남에게 아무것도 증명할 필요가 없다는 점을 알아야 한다.

상황에 맞는 옷차림

친구를 사귀고 싶다면 (또는 계속 유지하고 싶다면), 옷차림에도 매너를 갖춰야 한다.

첫째, 과한 차림은 피하자. 사람들이 싫어한다.

둘째, 단정하게 입자. 단정하다면 전투의 절반은 이미 승리한 것이다. 유행이 지났다고 해도 상관없다. 적어도 단정하게는 입자. 사람들은 단정한 의상을 좋아한다. 집세를 낼 수 없는 상황이라도 머리는 빗고 신발은 닦을 수 있다. 사람들은 사소한 것에 주목하는 경향이 있다는 점을 알아야 한다.

셋째, 상황에 맞는 옷차림을 하자. 사람들이 고마워할 것이다. 초대장에 쓰인 복장 규정을 따라야 한다. 아무것도 쓰여 있지 않아 모르겠다면, 물어보길 바란다. 결혼 피로연에 청바지는 부적절하며(초대장에 '리바이스 청바지 착용'이라고 쓰여 있다면 예외다), 신부를 완전히 가리는 스칼렛 오하라가 입었을 법한 풍성하고 반짝이는 비단 드레스도 적절하지 않다. 또, 신랑의 예복보다 5배나 비싼 양복도.

때와 장소를 가릴 줄 알아야 한다

또한, 좋은 매너에는 때와 장소를 가릴 줄 아는 말과 행동이 필요하다.

로드 풀러는 다니던 회사가 다른 회사에 인수되자마자 한 달 후 사직해달라는 통보를 받았다. 주택 담보 대출이 있는 데다 네 아이의 아버지인 로드는 경제적으로도, 직업적으로도 큰 타격을 받았다. 그래서 그는 마음이 산산조각 난 듯 아주 괴로웠다.

그런데 아이러니하게도 로드의 형 던은 같은 주에 큰 폭으로 승진했다. 로드와 던, 가족들, 이웃 주민 절반이 참석한 생일 파티에서 친구들은 로드를 위로하고 격려의 말을 건넸다. 대화 도중, 던의 아내가 사람들을 향해 외쳤다. "돈의 승진을 축하하며 건배해요. 오늘 남편이 본부장으로 임명되었어요." 더 나은 자아 개념과 배려를 지닌 사람이라면 그 말을 하기에 지금보다 더 적절한 때를 선택했을 것이다.

친구 사이에는 더 세심한 예의가 필요하다

우리는 친구란 솔직한 이야기를 털어놓을 수 있으며 의지할 수 있는 존재라고 생각한다. 모름지기 친구라면 마음을 터놓을 수 있어야 한다고. 맞다. 하지만 우정에도 한계는 있다. 어떤 한계가 있을까? 친구라고 해도, 다음의 행동은 허용되지 않는다.

× 친구를 이용해서는 안 된다.

배리와 친하다고 해서, 그에게 하루걸러 한 번씩 돈을 빌려도 괜찮다고 생각해서는 안 된다. 그러다가는 배리가 자신이 은행처럼 이용당한다는 생각에 우정 계좌를 닫아 버릴 것이다.

이웃들은 일 년에 두어 번 정도라면 우리의 쌍둥이 아기를 돌봐주는 일을 아주 즐길 것이다. 몇 달에 한 번이라면 기꺼이 그 일을 할 것이다. 어쩌면 한 달에 한 번씩도 괜찮을지 모르겠다. 하지만 일주일에 한 번씩 부탁하려 들면 갑자기 친절한 이웃이 우리 전화를 받지 않을지도 모른다. 그러면 우리는 "파커 가족이 왜 그럴까? 우린 정말 좋은 친구였는데!" 하고 아쉬워하게 될 것이다.

사람들은 남을 돕는 것은 좋아하지만 이용당하는 것은 싫어한다. 우정과 배려는 양방향으로 움직여야 한다. 일방적인 관계가 되지 않게 조심하자.

× 친하다고 해서 함부로 대해서는 안 된다.

누군가와 친하다는 사실이 그 사람을 함부로 대할 수 있는 권리가 있다는 뜻은 아니다.

글로리아는 "제일 친한 친구한테도 마음대로 말할 수 없다면, 누구한테 하나요?"라고 말한다. 글쎄, 글로리아, 당신의 친구에게도 감정은 있답니다. 빌은 말한다. "당연히 나는 그녀의 큰 코에 대해 우스갯소리를 할 수 있죠.

내 아내잖아요." 삐, 틀렸습니다.

우리는 모두 다치기 쉬운 자아를 지녔다. 우정에는 세심함과 눈치가 필요하다. 누군가에게 친밀감을 느낀다면 좋다. 아주 멋진 일이다. 하지만 언제나 상대방의 기분이 상하지 않도록 조심해야 한다. 내가 친구랍시고 여러분의 외모와 지능에 대한 농담을 줄기차게 한다면, 곧 여러분은 나 말고 다른 친구를 찾을 것이다. 아무리 친한 친구 사이여도 상대방의 마음을 살필 줄 알아야 한다.

한마디로

훌륭한 겉모습과 입을 다물고 먹는 행동이 여러분의 인생을 더 유쾌하게 만든다는 점에는 이견이 없을 것이다. (내가 아는 한 금융계 거물은 다른 멤버들이 그를 돼지라고 생각한 탓에 거대 조직의 이사회에서 쫓겨난 적이 있다.)

하지만 식탁 예절의 세세한 사항을 다 알아야 할 필요는 없다. 좋은 매너를 정의할 때는 규칙보다는 배려, 존중, 상대방을 편안하게 만드는 행동이나 태도에 더 중점을 두어야 한다. 전반적으로는 멋진 스타일과 생활 양식을 목표로 하자. 다른 사람을 배려할 때 우리도 인정받을 것이다.

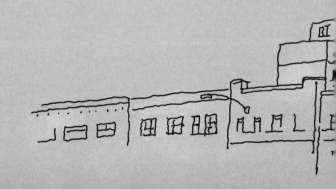

6장

건강한 관계를 위해
경계를 설정하는 법

삶을 살아가며 자신에게 진실하기 위해

끊임없이 노력해야 한다.

서로를 안아주면
생기는 일

○

　포옹은 건강에 좋다. 우리에게는 사람의 손길이 필요하다. 하지만 때로 우리는 거부당할지도 모른다는 두려움에 아기나 개를 쓰다듬는 것으로 만족하고는 한다. 적어도 이웃집 푸들은 우리를 보며 "나한테서 손 떼, 이 얼간이야!"라고 말하지 않을 테니 말이다.

　오늘날에는 의료전문가들도 사람들에게는 (강아지만 안아주지 말고) 포옹이 필요하다고 말한다. 메닝거 재단Menninger Foundation의 수석 정신과 의사인 해럴드 포크Harold Falk 박사는 "포옹은 우울증을 낮추고 신체의 면역계를 강화하며, 지친 신체에 새로운 활력을 불어넣고 더 젊고 활기찬 기분을 선사한다"고 설명한다.

UCLA 통증클리닉의 브레슬러Bresler 박사는 "아침, 점심, 저녁, 자기 전에 한 번씩 포옹하기. 기분이 나아질 것임"이라고 쓰인 포옹 처방을 내린다.

헬런 콜튼Helen Colton은 자신의 책 『손길의 환희The Joy of Touching』에서 누군가를 만지거나 껴안을 때 혈중 헤모글로빈이 크게 증가한다고 이야기한다. 헤모글로빈은 뇌와 심장을 포함해 우리 몸 전체에 산소를 공급하는 중요한 역할을 하므로, 포옹은 우리 건강에 매우 중요한 요소처럼 보인다.

물론, "나는 포옹하기를 좋아하지 않아요"라고 말하는 사람들이 있다. 하지만 껴안기를 좋아하는 사람이 되는 일은 어렵지 않다. 마주치는 모든 사람을 안아줄 필요는 없지만, 적당히 누군가를 안아주거나 안길 수는 있어야 한다.

자의식을 내려놓을수록 타인과의 포옹을 더 반기게 된다. 또한, 포옹을 많이 하면 할수록 포옹하는 행동을 더 좋아하고 상대방도 더 신뢰하게 된다. 이 세상에 "예전에

는 포옹을 많이 했는데, 나는 항상 그게 싫었어요. 그래서
관뒀죠. 이제 더 이상 아무도 나를 꼭 껴안아 주지 않아서
기뻐요"라고 말하는 사람은 없다.

자기 기준으로
평가하지 마라

○

사람들이 이상적인 우정에 대해 말할 때면 항상 언급하는 표현이 있다. '받아들임'과 '단정 짓지 않음'이다. "그는 절대로 나를 함부로 판단하지 않아", "그녀는 나를 있는 그대로 받아들여 줘", "그는 내게 무조건적인 사랑을 줘" 등등. 사람들은 "나는 나를 함부로 단정 짓거나 비난하지 않는 사람과만 친하게 지낼 수 있다"고 말하는 것이다.

즉, 우리가 사람들을 함부로 판단하고 분석하지 않을 때 그들과 더 가까워질 수 있다는 뜻이다. 이 말은 뒤집어도 참말이 된다. 즉, 상대방을 분석하고 비판할 때, 우리와 그들 사이에는 거리가 생긴다.

이때 프레드는 "하지만 나는 총명한 사람입니다. 지성인이죠. 사람들에 대한 판단을 아예 하지 않기는 힘들어요"라고 말할지도 모르겠다. 그래요, 프레드, 그럴 수 있죠. 어느 정도는 선을 긋는 것도 괜찮아요. 하지만 장자는 이렇게 말했다. '모든 사람을 판단할 필요는 없다네. 사람들의 독특함을 인정하고 받아들일 수 있어야 하네. 장미 한 송이나 노래 한 곡을 감상하듯이.' 항상 모든 사람을 조목조목 분석하고 비판하고 평가할 필요는 없다.

단정 짓지 않을 때 얻을 수 있는 마음의 평화

끊임없이 다른 사람들을 판단하고 평가하는 일을 멈출 때 우리는 마음의 평화를 얻는다. 얼마나 자주 우리는 누군가의 생활 방식을 비난하는 말을 들었던가?

"걔는 너무 뚱뚱해서 주름장식이 달린 드레스를 입으면 안 돼!"

"바보같이 저런 여자와 결혼하다니!"

"프랭크는 이제 정신 차리고 제대로 된 직업을 구해야

해!"

"멍청하게 BMW에 그렇게 많은 돈을 쓰다니!"

많이 들어본 말이지 않은가? 남들의 시간, 돈, 삶이 어디에 쓰여야 합당한지를 우리가 판별해야 한다는 생각은 스스로 마음의 평화를 깨는 짓이다. 그들의 상황이나 행동이 합당하지 않다는 생각에 제 혼자서 안달복달 마음을 끓인다. 다른 사람을 있는 그대로 받아들일 때 우리는 더 큰 행복을 느낄 수 있다. 반대로, 사람들을 내 입맛에 맞게 변화시키려 할 때 우리는 스트레스를 받고 상대방은 우리를 싫어하게 된다.

우리가 어떻게 생각하든, 세상에는 늘 건달, 사기꾼, 허풍쟁이, 일 중독자, 알코올 중독자, 방탕아, 복장 도착자, 부자, 가난뱅이, 뚱보, 말라깽이 등 온갖 종류의 사람들이 존재한다. 넉넉한 아량을 지니고 타인을 있는 그대로 받아들이면, 불필요한 스트레스를 줄일 수 있다. 마음의 평화는 상황이 아니라 태도의 변화에서 온다. 게다가 우리가 무슨 자격으로 남들에게 무엇이 합당한지를 결정한단 말인가?

또, 우리는 실수를 통해 많은 것을 배운다. 그러니 다른 사람들에게도 실수할 기회를 주어 경험에서 배울 수 있도록 내버려두는 것이 현명한 처사이다. 그리고 우리는 자신의 삶을 더 나아지게 하는 일에 집중해야 하지 않을까?

비판적이지 않은 태도가 좋다

우리는 성장하는 동안 똑똑한 사람이라면 거의 모든 일에 대해 의견을 지녀야 한다는 믿음을 얻는다. "이건 좋다, 이건 나쁘다, 이건 터무니없다"고 자기 생각을 밝힐 것을 요구받는다. 신문도, 정치인도, 시사 프로그램도, 옆집 이웃도 모두 "이것에 대해 우려한다", "저것에 대해 분노한다"며 자기 의견을 드러낸다.

하지만 항상 의견을 지녀야 할 필요는 없다. 때로는 아무 의견이 없을 때가 적절할 때도 있다. 사람들을 그냥 내버려두면 어떨까? 이웃이 "프랭크가 직업을 구해야 한다고 생각하지 않으세요?"라고 물으면, "저는 프랭크가 자기 좋을 대로 살아야 한다고 생각합니다"라고 대답하고 싶지 않은가? 또 이웃이 "프랭크의 아내가 저렇게 뚱뚱하다니 정말 끔찍하지 않나요?"라고 말하면, "뚱뚱하다는 것에 대해 배우는 과정일지도 모르지요"라고 중얼거릴 수도 있다.

물론, 때로는 의견을 전달하거나 누군가에 대해 평가해야 할 때가 있다. "비서가 성과를 내고 있는가?" 혹은 "회계사가 일을 제대로 하고 있는가?"와 같은 상황이 그러하다. 하지만 많은 경우, 판단을 내리는 행동은 비생산적이다.

이런 실험을 한번 해보면 어떨까? 일주일 동안 어떤 것도 판단하거나 평가하지 않고 지내보자. 수다쟁이나 과소비를 일삼는 사람, 혹은 불평꾼이나 백수를 만나면 마음속으로 "나는 당신이 선택한 인생을 경험할 수 있는 상황을 제공하고 있습니다. 당신을 판단하는 것은 내 일이 아닙니다"라고 속삭이자. 삶이 훨씬 더 평온해질 것이다.

다만, '비판적이지 않은 태도'가 모든 사람을 좋아해야 한다거나 누군가를 더 좋아해서는 안 된다는 뜻은 아니라는 점은 알아두자. 그것은 주변 사람들을 향한 더 온화한 태도를 의미한다.

누군가의 친구가 되지 않기로 선택할 때도 있을 것이다. 하지만 그런 경우, 그 사람과 나의 차이점이 마음에 들지 않아서가 아니라 그것이 내가 취해야 할 올바른 태도라는 생각에서 나온 선택이어야 한다.

　프레드가 지난 45년을 자신과 관점이 다른 사람들에게 짜증만 내며 살아왔다면, 많은 사람이 자신처럼 세상과 사물을 보지는 않는다는 사실에 낙담할지도 모르겠다. 어쨌든, 프레드가 지금보다 더 행복해지고 싶다면, 그가 선택할 수 있는 방법은 둘 중 하나이다. 모든 사람이 자기처럼 생각할 때까지 참고 기다리거나, 사람들은 자기 좋을 대로 살아갈 권리가 있다는 사실을 인정하거나.

소문에
휩쓸리지 않는다

○

　정보가 사람들 사이에서 전달되는 과정에서 얼마나 크게 왜곡되는지를 보여주는 흥미로운 게임이 있다.

　스무 명 정도의 사람이 원을 그리며 선 다음, 한 사람이 왼쪽에 있는 사람에게 어떤 메시지를 속삭인다. 메시지를 들은 사람은 자신의 왼쪽에 있는 사람에게 같은 메시지를 전한다. 이렇게 메시지가 원을 한 바퀴 돌며 전달되도록 한다. 간단한 게임처럼 보일 것이다. 처음 메시지를 말한 사람에게 되돌아온 메시지는 늘 처음과는 완전히 다른 메시지가 되어버린다는 점을 모른다면 말이다. "존브라운이 동네에서 지갑을 잃어버렸습니다"라는 메시지가 "잰 스미스가 임신했습니다"라는 메시지가 되어서 돌아온다. 단 3분 만에 군침 도는 소문이 탄생하는 광경을 지켜볼 수 있다.

사람들이 방금 들었다며 귀가 솔깃한 소문을 말해줄 때, 이 게임을 떠올리기를 바란다. 때때로 누군가가 다가와 이런 말을 속삭인다. "제임스는 그런 행동을 한 당신을 미쳤다고 생각해요!", "제니가 당신을 다시는 보고 싶지 않대요", "윌리엄이 말하길 당신은 가망 없는 멍청이래요" 등등. 이런 험담은 곧이곧대로 믿지 않는 편이 좋다.

간접적인 소문에 대해 명심해야 할 또 다른 사항으로는 직접 듣지 않았다면 그 말이 어떤 말투로 전해졌는지를 모른다는 점이다. 말의 뉘앙스가 얼마나 중요할까? 다음 문장을 읽고 각기 다른 단어를 강조할 때마다 문장의 의미가 어떻게 달라지는지를 살펴보길 바란다.

나는 그녀가 내 돈을 훔쳤다고 말하지 않았다.
나는 그녀가 내 돈을 훔쳤다고 말하지 않았다. (하지만 누군가는 그렇게 말했다.)

나는 그녀가 내 돈을 훔쳤다고 말하지 않았다. (나는 확실히 그런 말은 하지 않았다.)

나는 그녀가 내 돈을 훔쳤다고 말하지 않았다. (하지만 추측은 했다.)

나는 그녀가 내 돈을 훔쳤다고 말하지 않았다. (다른 사람이 훔쳤다.)

나는 그녀가 내 돈을 훔쳤다고 말하지 않았다. (하지만 내 돈에 무슨 짓을 하긴 했다.)

나는 그녀가 내 돈을 훔쳤다고 말하지 않았다. (다른 사람의 돈을 훔쳤다.)

나는 그녀가 내 돈을 훔쳤다고 말하지 않았다. (다른 물건을 가져갔다.)

한 글자도 바꾸지 않고 여덟 가지 다른 의미를 표현할 수 있다. 대화에서 말투와 억양, 강조는 매우 중요하다. 그 문장을 직접 듣지 않으면, 주어진 문장이 정확히 무엇을 의미하는지를 알아낼 수 없다.

어떤 말을 믿기 전에, 즉 심장마비가 오거나 매니저를 해고하거나 이혼을 신청하기 전에, 그 말을 처음 한 사람을 찾아가 직접 알아보길 권한다. 조언이라기에는 너무 기본적인 이야기지만, 충분히 조심하지 않으면 누구에게나 생길 수 있는 일이라는 점을 명심해야 한다.

한마디로

만나는 사람이 하는 말을 전부 다 믿는다면, 우리는 그 누구도 신뢰할 수 없고 친구도 사귀지 못할 것이다. 물론, 온 동네가 나서서 정직한 해리가 사실은 바람둥이 날건달이라고 엄숙히 선언한다면, 그 말에는 주의를 기울이는 편이 낫다. 하지만 대부분의 경우 소문에 흔들리지 말고 그 사람을 있는 그대로 받아들이는 편이 바람직하다. 그 사람에 관한 판단은 우리의 몫으로 남겨놓도록 하자.

선물은
교환이 아니다

○

메리는 프레드에게 500달러짜리 생일 선물을 줬다. 메리의 생일이 다가오는 어느 날, 프레드는 데이지꽃 한 다발을 들고 찾아온다. 메리는 기가 막혀서 중얼거린다. "이런 좀생이 같으니라고! 나는 일주일 치 봉급을 당신 선물에 썼는데, 당신은 겨우 이런 꽃다발이나 주다니!"

관행을 고려해보자면 프레드가 메리를 실망시킨 이 상황은 공평한 거래가 아니라고 생각할 수도 있다. 하지만 선물하기는 물물교환의 행위가 아니다. 조건 없이 주는 행위여야 한다.

우리가 누군가에게 선물을 주는 이유는 그 사람이 그 물건을 가지는 모습을 보고 싶기 때문이어야 한다. 주고 싶어서 주어야 한다. 아무것도 주고 싶지 않다고? 괜찮다. 그래도 아무 문제도 없다.

문제가 되는 상황은 우리가 조건이 붙은 '선물'을 할 때뿐이다. 메리는 카드에 "생일 축하해, 프레드. 스테레오 오디오가 마음에 들었으면 좋겠어. 사랑을 담아, 메리"라고 썼다. 하지만 메리는 "내 생일은 8월이야, 프레드. 내 선물에 최소한 나만큼은 써야 할 거야. 그러지 않으면, 당신은 구두쇠 개자식이야. 그때는 다른 여자 친구를 찾는 편이 좋을 거야"라는 메시지를 숨겨놓았다.

"이 스웨터를 선물로 주고 싶어요. 일주일에 두 번씩 입어줬으면 좋겠어요. 그렇지 않으면 내 기분이 무척 나쁠 거예요"처럼 조건이 붙은 선물은 문제를 불러온다. 상대방을 통제하려는 시도는 늘 실패로 돌아가기 마련이다. 누군가에게 스웨터를 선물하려는 이유는 그 사람이 그걸 마음대로 다루는 모습을 보고 싶기 때문이어야 한다. 주고 난 다음에는 소유자의 결정을 존중해야만 더 큰 행복감을 느낄 수 있다.

또, 우리는 우리의 시간이나 기회를 포기하는 형태로 배우자, 자녀, 친구를 위해 희생한다. 그러고는 상대방에게 "나는 너를 위해 희생했어!"라고 말하며 상대방이 그 사실을 알고 죄책감을 느끼도록 만든다. "나는 내 삶의 가장 좋은 시절을 포기했어요. 내 경력을 희생했어요."

어른처럼 굴자. 선택은 자신의 몫이다. 하고 싶으면 하고, 하기 싫으면 하지 말자. 희생의 '희'자도 꺼내지 말자. 상대방이 고마움을 느끼도록 해야지 죄책감을 느끼게 해서는 안 된다.

베풂과 보답에 관해서라면, 우리는 기본적으로 베푼 만큼 돌려받는 세상에 살고 있다고 말하고 싶다. 때로는 예상치 못한 곳에서 받기도 하고, '기대하던' 사람으로부터는 돌려받지 못하기도 한다는 것만 알고 있자. 무언가를 베풀 때 마음의 평화를 얻는 유일한 방법은 조건 없이 베풀기뿐이다. 메리가 약혼자 프레드에게 '당신에게 이 스테레오 오디오를 선물하게 되어 너무 기뻐. 그러니 당신 좋을 대로 사용했으면 좋겠어'라는 생각으로 오디오를 줬다면 프레드가 그걸 어떻게 사용하든 여전히 기뻤을 것이다. 그가 매일 오디오를 듣든, 자기 동생에게 주든, 도망

처서 다른 사람이랑 결혼하든 말이다.

선물할 때는 아무런 조건 없이 주는 것을 목표로 하길
바란다.

"이거 받으세요", 다만,

✗ 당신이 그걸 고맙게 생각하는 조건 아래서.

✗ 나에게 감사하는 조건 아래서.

✗ 내가 원하는 것을 당신이 해준다는 조건 아래서.

✗ 답례로 내가 무언가를 얻는다는 조건 아래서.

✗ 당신이 죄책감을 느낀다는 조건 아래서.

이런 경우라면 우리는 베푸는 것이 아니다. 교환하고
있는 것이다.

한마디로

조건 없는 베풀기라니, 마치 종교적인 조언처럼 들릴지도 모르겠다.
하지만 선물을 주고받는 과정에서 생기는 혹시라도 모를 억울한 감정
을 없애주는 매우 실용적인 조언이다.

타인의 행복을
기다려주는 자세

°

다른 사람들을 행복하게 만드는 일은 우리의 책임이 아니다. 우리는 스스로에게 진실하고, 가능한 한 많은 경험을 하고, 자신이 대접받고 싶은 대로 남을 대접하고, 무엇보다도 자신의 삶을 즐기기 위해 애써야 한다. 주변 사람들에게 행복을 강요하는 행동은 우리의 과제가 아니다.

이웃 사람이 비참하고 불만스럽고 우울한 삶을 살기를 원한다면, 그에게는 그렇게 살아도 될 완벽한 권리가 있다. 불행은 삶의 깨달음을 얻기 위한 과정 중 하나이다. 누군가가 영원토록 우울해지기로 선택했다면, 그렇게 하도록 내버려두자.

우리의 과거를 되돌아보면 내 말이 이해가 갈 것이다. 우울했을 때 친구들에게 "정신 차려! 인생은 멋진 거야!"라는 말을 들은 적 있을 것이다. 하지만 그때 우리는 인생이 얼마나 멋진지를 알 준비가 되어 있지 않았다. 우리가 그러고 싶은 의욕이 생겼을 때에야 비로소 태도를 바꾸고 세상과 사물을 다르게 보기 시작한다.

어쨌든, 우리가 무슨 권리로 타인에게 행복해야 한다느니 그렇게 살지 말라고 말할 수 있겠는가? 우울한 사람들을 억지로 행복하게 만들 수 있는 능력이 있는 것도 아니면서, 무슨 자격으로 다른 사람들이 어떻게 행동해야 할지를 결정한단 말인가?

인생에서 일어났던 가장 큰 실수를 잠시 떠올려보길 바란다. 결혼, 이혼, 사업 실패, 순탄치 않은 직장 경력, 절교 등 많은 일이 생각날 것이다. 이제 잠시 책 읽기를 멈추고 그 실수로부터 무엇을 깨달았는지 생각해보자.

자, 무엇을 깨달았는가? 그런 일들을 겪으면서 많은 것을 배우지 않았는가? 성공에는 축하를, 실패에는 반성을, 실수에서는 깨달음을 얻는다. 따라서 누군가의 어리석은 결혼, 여행, 이사, 이혼을 막기 위해 간섭할 때마다 우리는 그들에게서 중요한 배움의 경험을 빼앗는 셈이 된다. 이런 약탈 행위를 과연 정당화할 수 있을까?

우리 마음의 평화를 위해

누군가는 사람들을 바꾸려 미친 듯이 노력할지도 모른다. 하지만 상대방은 그런 노력을 기울이는 사람을 오히려 미워할지도 모른다. 징징 씨가 이웃에 산다고 상상해보자. 징징 씨는 정부, 경제, 어머니에 대해 투덜거리고 날씨와 식료품 가격에 대해 불평을 늘어놓는다. 또 사람들은 끔찍하며 세상은 망해가고 있다고 구시렁댄다. 와중에 자기 건강이 걱정인데……. 아무튼 모든 것이 문제이며 무가치하다고 말한다.

징징 씨는 삶이 비참하고 골치가 아프다. 하지만 그런 상황은 모두 그가 선택한 결과이다. 아무도 그의 머리에 총을 겨누고 "징징 씨, 당신은 투덜이가 되어야 해"라고 말하지 않았다. 그는 자신에게 선택권이 없는 듯 행동하지만 그건 사실이 아니다. 그는 여러 인생의 보기를 살펴본 후 행복한 삶은 너무 어렵고 너무 큰 노력이 필요하다고 판단한 것이다. 그는 비참하게 사는 삶이, 그러면서 다른 사람들을 깎아내리는 삶이 더 쉬워 보이기에 현재의 삶을 선택한 것이다.

징징 씨의 삶이 자기 선택의 결과인 점을 알았으니, 우리는 그의 선택을 존중해야 한다. 그가 홀로 징징대며 우울하게 살도록 내버려두어야 한다. 누군가는 "죽마고우가 그러면요?"라고 물어볼지도 모르겠다. 그럴 때는 새로운 친구를 찾길 바란다.

남의 기분을 잡치고 에너지를 좀먹는 행동을 하면서도 자신을 개선할 생각이 없는 주변 사람이 있다면, 더 이상 친하게 지내지 않는 편이 좋다. 그 사람을 미워하지도 원망하지도 비난하지도 말자. 그냥 내버려두고 우리 자신의 삶에 집중하자. 우리 자신과 그럴만한 가치가 있는 주변 사람들에게 사랑과 애정을 건네주자. 이런 종류의 사람들과 멀어질 때는 소란을 떨며 손절의 이유를 굳이 말할 필요가 없다. 그냥 조용히 멀어지길 권한다.

사람들이 도움을 요청하는 경우라면?

도움을 요청한 사람들을 도와주는 행위와 내 맘대로

타인이 어떻게 살아야 할지를 결정하고 그렇게 바꾸려는 행위는 전혀 다른 문제이다. 발전하고자 하는 사람들을 돕는 일은 기쁘고 흐뭇한 경험이다.

행복하게 사는 법을 알게 되었다면, 그래서 누군가 "당신은 항상 행복하네요. 무슨 방법이라도 있나요?"라고 물어보면, 함께 시간을 보내며 비결도 알려주고 도움이 되는 책도 빌려주길 바란다. 하지만 아무도 요청하지 않았는데 그렇게 살지 말라고 오지랖을 떨다가는 원치 않는 반응과 미움만 얻게 될 것이다.

친구인 윌리엄과 함께 어떤 세미나에 참석한 적이 있다. 그곳에서 스스로 강박증이 있다고 고백하는 레오를 만났다. 그는 노는 법이라고는 없었고 한시도 게으름 따위는 피우지 않는 사람이었다. 일주일에 80시간씩 일하는 그에게 가정생활은 언제나 긴장의 연속이었다. 게다가 그는 매일 밤 술을 마시고 잠을 청하는 습관마저 있었다.

주중 세미나에서 셋이 함께 시간을 보내는 동안, 레오는 우리의 삶에 대한 관점과 생활 방식을 궁금해하며 이것저것 질문을 던졌다. 세미나가 끝나고 레오와 나는 연락이 끊겼다.

그러다 여섯 달 후, 레오가 내게 전화를 걸어 시내에 나온 김에 저녁을 대접하고 싶다고 이야기했다.

"앤드루, 당신께 저녁을 꼭 대접하고 싶어요!"

"왜죠?"

"우리의 만남 이후 내게 무슨 일이 있었는지 알면 아마 놀랄걸요. 나는 근무시간을 줄이고 가족과 더 많은 시간을 보냈어요. 그래도 사업은 여전히 잘되더라고요. 자기 전에 술 마시던 습관도 끊었어요. 벌써 여섯 달이나 됐어요. 참, 새 차도 샀어요."

내가 대답했다.

"그것참 잘됐네요! 그런데 왜 나한테 저녁을 산다는 거예요?"

"왜냐하면 당신과 윌리엄을 만나서 내 인생이 달라졌으니까요."

"그래요? 어떻게요?"

"일주일을 함께 보내며 봤는데, 두 분의 행복하고 여유로운 모습이 인상 깊었어요. 그래서 저도 바뀔 수 있었어요. 정말 감사드려요."

"그렇게 말해줘서 고마워요, 레오. 하지만 칭찬받을 사람은 당신이에요. 행동한 사람은 바로 당신이니까요. 그래도 식사 초대는 기쁘게 받아들일게요."

나는 레오의 전화를 받고 정말 흐뭇했다. 그의 삶이 개선되었다는 사실과 거기에 내가 어느 정도 기여했다는 생각에 행복했다. 또 레오의 전화는 진정으로 자신의 삶을 바꾸고 싶어 하는 사람은 결국 그렇게 한다는 내 믿음을 다시금 단단히 해주었다. 아직 준비되지 않은 사람들에게 설교를 늘어놓아봤자 실망스럽고 허탈한 감정만 맛볼 것이다. 원치도 않는 사람들의 목구멍에 우리의 생각을 밀어 넣어서는 안 된다.

한마디로

정말로 필요한 사람들은 직접 정보와 도움을 요청할 것이다. 그러니 그들이 준비될 때까지 기다려야 한다. 만일을 대비해 복음을 전파할 필요는 없다. 사람들을 돕고 싶다고 일방적인 훈계를 늘어놓아서는 안 된다. 그냥 모범이 되자. 사람들은 그런 모습에 끌려 조언을 요청할 것이다. 물어보는 사람이 아무도 없다면? 그냥 공놀이를 추천한다.

우울한 사람 옆에서
울상 짓지 마라

○

예전에 행복에 관한 책을 출간하고 라디오 토크쇼에 출연한 적이 있다. 한 여성 청취자가 방송국으로 전화를 걸어 "매튜스 씨. 부끄러운 줄 아세요. 세상에 얼마나 많은 사람들이 고통과 아픔을 겪으며 불행에 시달리고 있는데 행복한 삶에 대해 떠들다니요. 그런 행동은 이기적이고 뻔뻔한 짓이라고 생각해요"라며 나를 비난했다.

다소 극단적인 반응이긴 하지만 한편으로는 타당한 지적이기도 했다. 어떻게 하면 주변 사람들의 불행과 우리의 행복이 공존할 수 있을까? 당장 암울한 사람들을 피하기가 어려운 상황에서는 어떻게 해야 할까? 그 사람들을 어떻게 대해야 할까? 동료가 자살할지도 모르는 상황에서 정말 즐거울 수가 있을까?

우울한 동료 직원을 진정으로 배려하고자 한다면, 가만히 그들의 비참함을 함께해야 하지 않을까? 그렇지는 않다. 우리 자신을 위해 우리는 행복을 선택해야 한다. 그러고 싶지 않은 사람들은 그냥 내버려두어도 괜찮다. 그들을 사랑한다면 그들에게 선택의 자유를 주어야 한다.

불행한 주변 사람들과의 만남을 피하기가 어렵다면, 우리가 할 수 있는 최선의 방법은 혼자서라도 행복해지는 것이다. 다른 사람의 불행에 휩쓸리다가는 모두가 비참해진다. 이런 상황은 누구에게도 도움이 되지 않으며, 다 같이 인생의 피해자로 전락할 뿐이다.

불행한 사람에게 어느 정도 동정심을 갖는 것은 괜찮다. 다만, 그들에게 휩쓸리지 않고 긍정적인 삶의 태도를 유지하며 자기 자신을 돌볼 필요가 있다. 현재의 불행한 삶 대신 기쁨과 웃음이 있는 삶을 선택할 수 있다는 점을 보여주어야 한다. 많은 사람이 관심을 끌기 위해 우울증을 이용한다. 그들의 우울증에 전염된다면 그들이 우리를 조종하도록 허용하는 짓이다. 그들이 벌이는 게임에서 벗어나자. 그러면 그들이 그런 행동을 그만두는 놀라운 일도 생길 수 있다. 그 결과, 모두가 더 괜찮은 상황으로 나아갈 수 있다.

나보다 더 행복한 사람들

또, 우리는 우리보다 더 행복한 사람들과도 잘 지낼 수 있어야 한다. 가끔 멋진 시간을 보내는 아내를 보며, '그녀는 미친 듯이 행복해 보이는군. 나는 내버려둔 채 말이야'라고 생각하는 남편이 있다. 혹은 더 심각한 사람들은 '내 말과 행동에 상관없이 저 사람은 행복해 보이네. 어떻게 감히 나 없이 행복을 느낄 수 있어!'라고까지 생각한다.

사랑하는 사람이 행복한 이유가 전부 자기 때문이어야 한다고 고집하다 보면, 결국 질투와 불만으로 이어진다. 행복한 사람은 다른 사람이 행복해하는 모습을 보면 더 행복해한다. 이들은 "나와 함께 있을 때만 행복하길 바라" 같은 어리석은 생각에서 자유로운 사람들이다.

누군가를 바꾸고 싶다면

"좋은 사람을 만들지 말고 좋은 사람을 찾아야 한다."
— 짐 론Jim Rohn, 미국의 기업가이자 작가

짐 론이 자신의 세미나에서 처음 사업을 시작했을 때의 이야기를 들려주었다. 처음에 그는 의욕과 열정, 책임감이 부족한 사람을 고용해 의욕과 열정, 책임감이 가득한 사람으로 바꾸기 위해 노력했다. 그리고 곧 그것이 어려운 과제라는 점을 깨달았다.

"나는 죽음을 각오하고 그들을 변화시키기로 마음을 먹었습니다. 그러다 죽을 뻔했지요!" 짐 론은 자신과 가치관이 비슷한 사람들을 찾아서 그들을 고용하는 것이 현명한 방법이라는 사실을 금세 깨달았다.

사람들을 채용할 때 이 원칙을 적용하면 많은 곤경에서 벗어날 수 있다. 행복하고 열정적인 사람들을 고용하면 행복하고 열정적인 팀이 탄생한다. 인간의 본성은 바꾸기가 어렵다. 변화하고 싶은 동기가 없거나 너무 힘겨운 일처럼 보이기 때문일지도 모르겠다. 이유가 무엇이든 간에, 본성을 바꾸기란 어려운 일이며 흔히 일어나는 일은 아니다. 따라서 상대방에게 변화를 강요하는 행위는 그 사람의 인권을 침해하는 행동일 뿐만 아니라 효과도 별로 없다. 빠릿빠릿한 비서가 필요한 상황인데 게으름뱅이를 뽑아서 바꾸려고 해서는 안 된다. 무책임한 사람을 뽑아서 책임감을 갖추기를, 거짓말쟁이에게 정직한 행동을 기대해서는 안 된다.

부부에게도 같은 원칙이 적용된다. 종종 어떤 사람들은 상대 배우자를 통제하려고 든다. 이런 경우, 남편은 자신을 통제하려 드는 아내에게 분개한다. 그리고 아내는 남편이 자신을 사랑하지 않기에 바뀌려 하지 않는다고 생각해 미워한다. 남편은 있는 그대로의 자신을 사랑하지 않는 아내를 증오한다. 결과적으로 모두가 불행해진다.

한마디로

함께 살거나 함께 일할 사람을 고를 때는 비슷한 가치관을 지닌 사람을 찾아야 한다. "이 사람이 전혀 바뀌지 않아도 나는 여전히 이 사람과 함께 살면서 (혹은 일하면서) 행복할까?"라고 자문해보자. 그 대답이 "아니요!"라면 계속해서 좋은 사람을 찾아보길 바란다.

타인을 바꿀 수 있다고
기대하지 마라

○

"내 친구도 나도 완벽하지 않기에, 우리는 감탄스러울 만큼 잘
어울리는 한 쌍이다."

— 알렉산더 포프 Alexander Pope, 영국의 시인

사람을 있는 그대로 받아들이고 완벽함을 (혹은 우리 같
기를) 요구하지 않을수록 우리는 더 만족스러운 인간관계
를 맺을 수 있다. 또, 그 사람이 왜 그렇게 행동하는지 조
금이라도 이해할 수 있다면, 우리는 그 사람을 좀 더 관대
하게 대할 수 있을 것이다. 다음의 예를 보자.

내 친구 제니는 돈과 관련해 문제가 하나 있다. 그녀는 부유한 사람이므로 돈이 없다거나 하는 문제는 아니다. 단지 돈 계산에 너무 철저해서 매너가 없어 보인다는 점이 문제다. 다섯 명이 저녁을 먹고 계산서에 151.35달러가 나오면, 제니는 계산기를 꺼내 든다. 그렇다. 그녀는 식당에 항상 계산기를 들고 다닌다. 그러고는 정확한 금액을 알려준다. "좋아. 각자 30.27달러씩 내면 돼. 그런데 나는 마늘빵을 안 먹었거든. 그러니까 30.27달러에서 15센트의 4배를 빼면……. 참, 지난주 목요일에 네가 나한테 빌린 5센트도 빼야지……." 세상에!

동시에 제니는 매우 멋지고 정직하며 남을 배려하는 사람이다. 나는 그녀의 장점만을 보려 노력한다. 그리고 아마 과거의 어떤 일 때문에 돈에 대한 저러한 태도를 형성했으리라고 이해하려고 한다. 돈에 예민한 그녀의 행동 때문에 소화불량을 겪느니 그녀가 자기 좋을 대로 행동하도록 내버려두는 편이 훨씬 낫다고 생각하기 때문이다. 제니는 좋은 자질을 많이 갖춘 친구이다. 그러니 돈 문제 때문에 그녀와 연을 끊는다면 나는 좋은 친구 하나를 잃게 되는 셈이다.

랠프라는 친구도 있다. 그는 함께 시간을 보내기에 정말 멋진 친구이다. 재미있고 세상사에 관심이 많은 만큼 아는 것도 많다. 늘 쾌활하고 열정과 지성이 가득한 데다 성공까지 한 능력자이다. 그리고 랠프도 자신의 그런 점을 기꺼이 인정한다. 추측하듯이 랠프는 겸손한 친구가 아니기에, 자신에 대해 떠벌리기를 좋아한다. 하지만 나는 그와의 교제를 대단히 소중하게 여긴다.

어찌 보면 "랠프는 잘난척쟁이야!"라고 말하며 그를 친구 명단에서 지워버릴 수도 있을 것이다. 하지만 그가 내게 주는 즐거움을 생각했을 때 그랬다면 정말 안타까울 것이다. 나는 랠프에게서 정말 많은 것을 배웠고 함께 많이 웃었다. 아마도 지금의 단점이 사라진 랠프는 내가 좋아하는 랠프가 아닐 것이다.

사람들을 이해하거나 과거의 어떤 경험이 그들의 현재 태도를 형성했는지 이해하기 위해 심리학자가 될 필요까지는 없다. 단지, 우리의 삶을 더 풍요롭게 만들겠다는 목적만 잊지 않으면 된다.

사람에 대한 편견은 버리고 단점은 못 본 체할 수 있는 편애를 갖추면, 그 사람을 이해하기가 훨씬 쉬워진다. 대식가나 수다쟁이라고 해서, 혹은 나와 의견이 다르다고 해서, 누군가를 따돌려서는 안 된다. 수용적인 태도만이 타인과의 만남을 진정으로 즐길 수 있는 유일한 방법이다. 나와 다른 사람을 혐오하기보다는 그 차이에서 매력을 찾아내자.

완벽한 사람은 없다

몇 년 전, 내게는 테러스카라는 비서가 있었다. 그녀는 똑똑하고 유능한 데다 다정하고 사려 깊은 사람이었다. 또 열심히 일했다. 다만, 언제나 10분 늦게 출근하는 나쁜 버릇이 있었다. 나는 종종 "테러스카, 9시부터는 사무실에 누군가는 있어야 해요. 9시까지 꼭 출근해줄래요?"라고 요청했다. 그러면 그녀는 "예"라고 대답하고는 다음 날이면 또 10분 늦게 사무실에 도착했다.

나는 이 문제에 대해 고민하며 혼자서 중얼거리곤 했다. "도대체 그녀는 왜 이러는 걸까?" 나는 그녀의 지각에 집착했다. 상황을 중립적으로 바라볼 수 없었다. 그녀가 훌륭한 비서라는 사실을 잊어버린 채 내가 싫어하는 한 가지 단점에 집중했다.

그러다 마침내 내 행동을 되돌아보게 된 날이 찾아왔다. 그날 나는 내가 사무실에 9시까지 오려는 이유가 단지 그녀가 늦었을 때 짜증을 내기 위해서라는 사실을 깨달았다. 그녀가 들어오면 나는 고개를 절레절레 흔들며 "믿을 수가 없군!"이라고 혼잣말하곤 했다. 그리고 또 다른 내 모습을 발견했는데, 나는 짜증을 은근히 즐겼다. 그래서 9시에 밖에서 차 문을 여닫는 소리가 들리면 테러스카가 아니기를 바랐다. 계속 짜증을 내고 싶었기 때문이다. 사소하다면 사소한 일이지만, 어쨌든 부끄러운 짓이었다.

유능하고 충성스러운 비서를 앞에 두고, 나는 애써 그 비서의 단점 하나에 온 신경을 기울였다. 우리는 얼마나 자주 사람들의 좋은 점 대신 결점에 집중하는가? 또 솔직히 말해서 얼마나 자주 불평하기를 즐기는가?

우리는 TV 앞에 앉아 프레드 삼촌이 들어와 볼륨을 높이기를 기다린다. 이미 짜증 낼 준비를 끝내고서. 그리고 이제 프레드 삼촌이 들어와 볼륨을 높이면 우리는 생각한다. '삼촌이 저러는 게 정말 싫어.' 하지만 속으로는 삼촌의 그런 행동을 은근히 바라고 있는 것이다.

내 이론 중에는 어떤 행동을 싫어하는 행위가 오히려

그 행동을 강화한다는 이론이 있다. 남편이 밥을 먹으며 내는 요란한 소리를 싫어하는 아내는 식사 때가 되면 그 소리를 기다린다. 남편은 그런 아내를 절대 실망시키지 않는다. 문을 열어놓는 아들의 습관이 거슬리기 시작하면, 우리는 가만히 아들의 그런 행동을 기다린다. 이제 문을 열어놓는 행동은 아들의 취미가 될 것이다.

다른 사람들에게 짜증이 날 때 우리는 스스로에게 두 가지 질문을 던질 수 있다.

"왜 나는 상대의 장점에 집중하지 못할까?"

"짜증을 내서 내가 얻는 것은 무엇일까?"

일반적으로 우리가 짜증을 내는 이유는 그러고 싶기 때문이다. 모든 행동에는 보상이 따른다. 짜증을 냈을 때의 대가는, 첫째 우리는 순교자가 되고(나는 훌륭하지만 너는 아니야), 둘째 다른 사람을 비난할 수 있다는 점(나는 행복하지 않고 그건 네 탓이야)이다.

짜증 어린 태도에서 벗어나고 싶다면 유연하고 융통성 있는 태도를 갖추어야 한다. 조금만 고집을 꺾고 사람은 모두 다르다는 점을 이해하자. 사람마다 성격도 우선순위도 다르다. 화가 났을 때, 소리를 치고 비명을 지르는 사람도 있지만 절대로 흥분하지 않는 사람도 있다. 자신의 모든 감정을 밖으로 드러내는 사람이 있는 반면, 절대로 속마음을 내보이지 않는 사람도 있다. 맨날 약속에 늦는 사람도 있다. 또 세상에는 구두쇠만큼이나 사치하는 사람도 많다. 사람들의 원래 모습을 인정해야 한다. 자신들이 원하는 대로의 삶을 경험할 수 있는 권리를 존중해주어야 한다. 유연해지자.

화를 내는 것이 문제라는 말은 아니다. 다만, 인생을 즐기는 데 화는 방해가 될 뿐이다. 우리는 화를 내지 않는 삶을 선택할 수 있다. 성인(聖人)이 되기 위해서가 아니라, 더 행복해지기 위해서이다. 너그러워지자.

한마디로

삶에서 중요한 것은 결국 사람들이다. 타인의 행동 방식에 너무 많은 조건을 붙이면, 누가 되었든 내 눈에는 전부 부족한 점이 보인다. 너그럽고 융통성 있는 태도를 갖추어야 한다. 세상을 구성하는 사람들의 고유한 각각의 차이를 즐기기를 바란다. 사람들의 개성을 존중하고 독특함을 즐길 수 있는 능력은 삶에서 자신에게 줄 수 있는 가장 큰 선물이다.

에필로그

이 책에서 나는 다음의 몇 가지 주제에 대해 주로 떠들었다. 자기 삶에 책임을 져라, 관용을 실천하라, 모두에게 긍정적인 면을 강조하라, 존중을 원한다면 먼저 남을 존중하라 등등.

우리는 남을 이용하는 사람이 아니라 돕는 사람이 되어야 한다. 누군가와 친구가 되고 싶다면, 그들의 삶에 보탬이 되어야 한다. 결국 진정한 기쁨은 이런 것에 있지 않을까? 남을 돕고, 사람들을 기쁘게 하고, 작은 도움을 주는 것에……. 그리고 때로는 단순히 곁에 있어주는 것만으로도 행복이 된다.

우리는 삶의 재미를 즐기는 동시에 우리도 재미를 주

는 존재가 되어야 한다.

사람들은 우리의 솔직한 모습을 원한다. 친구가 되기 위해 아는 척, 있는 척, 세련된 척할 필요는 없다. 오히려 겹겹이 우리를 둘러싼 껍질을 벗고 알맹이를 드러내길 바란다.

친구를 만드는 데 있어 완벽한 방법이란 없다. 매일매일 사람들은 우리를 곤란하게 하고, 혼란과 좌절을 주고, 간간이 기쁨을 선사할 것이다. 우리가 타인을 완전히 이해할 수 있다고 기대해서는 안 된다. 우정에 정해진 공식은 없다. 다만, 우리가 따라갈 수 있는 울퉁불퉁한 길이 몇 개 있을 뿐이다.

이 짧은 책에 담긴 생각이 여러분에게 유용한 도움이 되길 기대한다. 여러분의 인생에 기쁨과 웃음, 지속적인 우정이 더욱 많이 존재하기를 바란다.

관계의 공식

초판 1쇄 발행 2025년 3월 20일

지은이 앤드류 매튜스
옮긴이 박민정
펴낸이 서선행

책임편집 이하정
디자인 북다이브
마케팅 김하늘
홍보마케팅 금슬기

펴낸곳 서교책방
출판등록 2024년 3월 27일 제 2024-000037호
전화 070) 7701-3001
이메일 seokyo337@naver.com
종이 ㈜월드페이퍼 **인쇄·제본** 더블비

ISBN 979-11-989440-7-8 (03190)

㈜서교책방은 독자 여러분의 책에 관한 아이디어와 원고 투고를 기다리고 있습니다.
책 출간을 원하시는 분은 이메일 seokyo337@naver.com으로 간단한 개요와 취지,
연락처 등을 보내주세요.